KB106700

# 환리스크전략 실무

오철승 · 이장우 공저

새로운 세상의 숲
**신세림출판사**

# 머
# 리
# 글

이 책은 "환리스크 전략 실무"라는 제목처럼 외환, 리스크, 그리고 환리스크 전략으로 구성되어 있으며, 실무에 중점을 두었다. 1편의 "외환의 개요"에서는 환리스크 관리에 필요한 외환 지식에 대해 설명했다. 2편 "리스크 및 리스크 관리 개요"에서는 리스크와 리스크 관리, 전사적 리스크 관리에 대해 알아보고, 그 체계 속에서 환리스크 관리의 위치를 살펴본다. 그리고 환리스크를 통제하기 위한 기제(Tool)로서 파생상품 등을 기술하였다.

마지막 3편에서는 "환리스크 전략"이라는 제목으로 환리스크 관리의 필요성을 알아보고, 각 기업의 재무형태를 3가지 유형으로 가정하여 엑셀을 이용해 실무 전략을 수립하였다. 따라서 외환에 대한 기초 지식이 있는 독자는 1편은 건너 뛰고, 2편부터 시작해도 무방할 것이다.

이 책의 특징은 제목에 나타나 있듯이 '실무'라는 데 있다. 필자가 대학 및 기업 담당자 교육, 금융기관 근무, 정부정책 검토 및 공기업 위원 참여 등 25년 이상 해당 분야에서 활동하면서 느낀 것은, 이 분야를 다룬 거의 모든 서적이 이론에 너무 치우쳐 독자가 해당 업무에 적용하기 너무 어렵다는 것이다. 그래서 실무를 원활하게 수행하는데 필요한 이론을 최소한으로 담고, 기업 전체를 개괄해 전략을 수립, 시행할 수 있는 책을 써 보기로 한 것이다.

각 기업들은 여러 면에서 처한 상황이 다르다. 따라서 모든 기업의 상황을 예시로 담는 것이 최선이겠지만, 그것은 불가능하므로 저자가 생각하는 가장 평균적인 상황을 세가지로 설정하여 전략을 수립해 보았다. 이 부분에서는 독자의 양해를 구한다.

우리가 자동차를 구입하는 목적은 자동차 운전법을 습득하여 안전하게 목표지점으로 이동하기 위한 것이다. 자동차의 구조나 부품 구성을 최소한으로 알면, 운전법을 알게 되고 간단한 조작상의 문제를 해결하는데 도움이 된다. 그러나 부품 하나 하나의 특징을 이해하고 기능상 문제를 해결하는 일은 자동차 수리 전문가에게 맡기면 된다.

필자가 환리스크 관리 세미나에 가보면, 자동차 운전법을 배우러 오는 사람에게 자동차 부품의 세세한 기능과 특징을 전달하려는 모습이 너무나 많이 눈에 띄었다. 이 책은 그러한 상황을 고려해서 이론을 최소화하고, 실무에 바로 적용할 수 있는데 도움을 줄 수 있도록 노력한 결과물이라고 생각한다.

따라서 이 책은 실무학습이 중요한 MBA과정 학생, 공기업평가 담당 직원들, 수출입기업의 기획 및 재무 담당자와 이들을 돕는 은행의 RM (Relation Manager) 등에게 도움이 될 수 있을 것이라 생각한다.

모든 리스크 관리에서 가장 중요한 점은 자신이나 자기가 속한 기업의 리스크 상황을 정확히 파악하는 것이다. 파악한 문제를 해결하기 위해 기업에게 부족한 부분(파생상품 활용 등)은 은행의 전문가 등과 협력하면 충분히 해결 가능하다. 그러나 위에서 말한 자신의 리스크는 누구도 대신해 관리하고 해결해 줄 수 없다. 그래서 자신의 리스크 상황을 정확히 파악할 수 있도

록 도움을 주는데 이 책의 주안점을 두었다

끝으로 이 책이 세상에 나오도록 도움을 주신 신세림 출판사의 이혜숙 대표님과 직원 여러분께 감사드린다. 아울러 어려운 상황에서도 지속적으로 정신적 지주가 되어 주신 신홍섭 국민저축은행장님과 각종 정보 제공 등 도움을 주신 나의 친정인 KEB하나은행의 이승렬, 남궁원 부행장님, 문영선 부장님께 애정과 감사를 표하며, 무엇보다도 공동저자로 참여를 승낙하고 이론 부분을 강화해 주신 이장우 부산금융대학원장님께 깊은 우정을 느끼고, 이 책을 시작할 때부터 각종 작업을 공동으로 수행해준 매제 유영일 대표에게 고맙다는 말을 전하고 싶다. 마지막으로 90평생 아들 걱정으로만 사시는 어머니 고영숙 여사께 이 책을 바친다.

당진에서 공동저자를 대표하여 **오철승** 씀

# CONTENTS

# 1 외환의 개요

# 1. 환율의 이해

## 1.1 환율의 개념

환율은 외국 통화와 자국통화의 교환비율로 외국환 시세라고도 한다. 일반적으로 거래 대상을 외국 통화로 놓고 자국 통화로 그 교환비율을 표시하는데, 예를 들어 1달러에 1,120원은 달러의 원화표시 가치이고 이를 달러에 대한 원화 환율이라고 한다.

또한, 환율은 자국통화의 외국상품에 대한 구매력(매개 역할, Parametric role)을 나타낸다. 다음의 예에서 이 문제를 알아보자

(예) 미국에서 햄버거가 3달러이고 1달러에 1,200원이라면, 원화 3,600원이 미국의 햄버거 한 개를 살 수 있는 구매력을 의미한다. 즉 1,200원이라는 달러 값을 매개로 해 미국의 햄버거 값을 원화로 환산할 수 있다.

**(환율 개념을 더 쉽게 이해하기)**

"문방구에서 볼펜을 살 때 한 자루에 1,000원이라면 볼펜 값이 천원이고, 은행에서 달러 1개(1달러)를 사려면 1,200원이라 가정할 때 달러 값이 1,200원이라 한다. 이때 볼펜이나 달러가 중심이 되어 우리나라 원화를 얼마를 주어야 하는 것이 가격(또는 환율)이다. 만일 가격이 변동되어 볼펜이한 자루에 1,100원이 되거나, 1달러에 1,300원이 되면 볼펜 값이 올랐거나 달러 값이 올랐다고 한다.

특히, 외화에 대해서는 볼펜값의 변동처럼 단지 달러 환율이 올랐다, 원

화대비 달러 강세다, 달러강세 또는 환율이 올랐다고 다양하게 이야기하는데 혼동하지 말아야 한다.

결론적으로 환율은 어떤 외화 한 개(단위)를 사기 위해 타 통화(예의 경우 원화) 얼마를 지불해야 하는 지를 말한다. 이때 구매해야 할 통화 1개를 기준통화라고 하고, 지불해야 하는 타 통화를 보조통화라 한다. 환율이 올랐다는 말은 기준통화인 달러가치(볼펜처럼)가 오르는 것을 의미하고, 반대로 환율이 내렸다면 기준통화에 대한 보조통화가치가 떨어졌음을 의미한다."

> (환율이 오른다) = (기준통화 가치가 오른다) = (기준통화가 강세다)
> = (보조통화가 약세다)

## 1.2 환율의 표시방법 및 환율 변동

• **자국화 표시 환율**(직접표시 환율, Direct Quotation): 외국통화 한 단위를 구입할 때 필요한 자국통화의 크기로 표시한 환율제도로 우리나라와 세계 주요국이 채택하고 있다. (예: 1 USD = 1,130.00원)

• **외화 표시 환율**(간접표시 환율, Indirect Quotation): 자국통화 한 단위를 교환할 경우 받을 수 있는 외국통화의 크기로 표시한 환율이다. 영국, 유로, 호주, 뉴질랜드 등에서 채택하고 있으며 그곳에서는 자국 통화가 기준통화가 된다. (예: 1 AUD = 0.9312 USD)

**\* 기준통화의 사용:** 다른 통화의 크기로 표시된 한 단위의 통화(직접, 간접 표시 포함)를 기준통화라 부르며, 환율의 상승·하락 또는 외화 매입·매도 등은 기준통화를 중심으로 기준 통화의 가치 상승 또는 하락, 기준통화의 매입 또는 매도를 말한다.

(예) 1USD = 1,120원, 1USD = 95.50엔의 경우, 달러를 기준 통화라 하고 원화와 일본 엔화를 보조 통화라 함.

(예) 환율이 상승한다는 의미: 기준 통화의 가치가 올라가고 상대적으로 보조 통화의 가치가 떨어진다는 의미다. 따라서 일본에서 환율이 상승한다는 것은 기준통화인 달러 가치가 올라(상승)가고, 엔화 가치가 떨어진다는 뜻이고, 영국에서 환율이 오른다는 의미는 기준통화인 파운드(GBP) 가치가 오르고, 반대로 달러가치 등은 떨어진다는 의미이다.

**\* 환율의 절상과 절하의 의미**

어떤 통화의 가치가 다른 모든 통화에 대해 강세를 보일 경우 절상되었다 하고, 그 반대의 경우 절하되었다고 한다. 따라서 어느 한 통화가 다른 몇 개의 통화에 대해 강세 또는 약세를 보인다고 절상이나 절하라는 표현은 쓰지 않고, 어떤 통화에 대해 "강세다 또는 약세다"라고 표현한다.

(예) 브레튼우즈 체제 붕괴 후 달러의 절하와 우리나라 아이엠에프(IMF) 지원 사태 시 원화의 절하

## 1.3 환율의 종류

● **시장 환율과 매매 기준율**

- **시장 환율:** 은행 등 기관투자자(은행, 종금사, 증권사 등)에 의해 외환 중개소에서 체결된 실시간 환율을 시장 환율이라 하며, 은행들은 이 시장환율을 기준으로 일정비율을 가감하여 아래의 각종 대고객 매매율을 생성한다. 우리나라에는 서울외환중개, 한국자금중개 등 2개의 외환중개소가 있으며, 주로 달러와 원화간 거래를 중개한다.

  외국에서는 블룸버그(Bloomberg), 로이터(Reuter) 등이 중심이 되어 각종 이종통화(원화가 개재되지 않는 통화거래(Currency Trading)로 USD /JPY 등) 플랫폼을 제공하여 중개 거래를 수행한다.

- **매매기준율:** 외환시장(외환중개소)에서 각 기관투자가들 사이에 체결된 거래를 환율과 거래량으로 가중 평균하여 산출된 환율로, 금일의 산출환율은 익일의 매매기준율로 고시된다. 기능적으로 매매기준율은 회계에서 외화표시 자산과 부채를 원화로 환산할 때만 사용한다.

● **매입과 매도환율(Bid rate vs Offer rate)**

은행이나 시장 조성자 (Market Maker)가 자신의 입장에서 고객 또는 거래 상대방에게 기준통화를 사겠다고 제시한 환율을 매입환율(Bid rate)이라 하고, 반대로 팔겠다고 제시한 환율을 매도환율(Offer rate)이라고 한다. 따라서, 은행고객이나 시장조성자의 거래 상대방은 위의 매입환율(Bid rate)로 기준통화를 매도하고, 매도환율(Offer rate)로 기준통화를 구매해야 한다. 당연히 매입환율은 낮고 매도환율은 높게 책정된다. 은행의 외환

수익의 원천은 단순 명료하다. **"대상 통화 또는 외환상품을 싸게 매입해서 비싸게 매도하여 그 차익을 외환 분야의 수수료 수익의 원천으로 한다."**

• 대고객 매매율

은행이 고객이 요구한 각종 거래의 거래 종류에 따라 제시한 환율로, 은행 마진, 현찰 운송에 대한 보험료, 이자비용 등을 감안하여 결정한다. 대고객 환율은 고객입장에서 보면 현찰매도, 전신환매도, 기준환율, 전신환매입, 수표매입, 현찰매입 순으로 낮아진다. 여기에서 기준환율(시장환율)은 외환(중개)시장에서 기관(은행 등)간에 체결된 실시간 거래 환율로서 시장환율이라고도 하며, 대고객 매매 환율은 위의 각종 비용 및 은행 이익을 감안하여 기준환율(시장환율)에 일정 비율을 가감하여 자동으로 결정한다.

고객입장에서 본 환율 높낮이

| |
|---|
| 현찰매도율 〉 전신환매도율 〉 기준환율 〉 전신환매입률 〉 현찰매입률 |

수표매입률은 환율은 전신환 매입률을 적용하나, 수표 추심기간 동안 이자를 감안하여 실제 전신환 매입률 보다 낮아 진다.

<그림 1> 우리은행 대고객매매율 고시

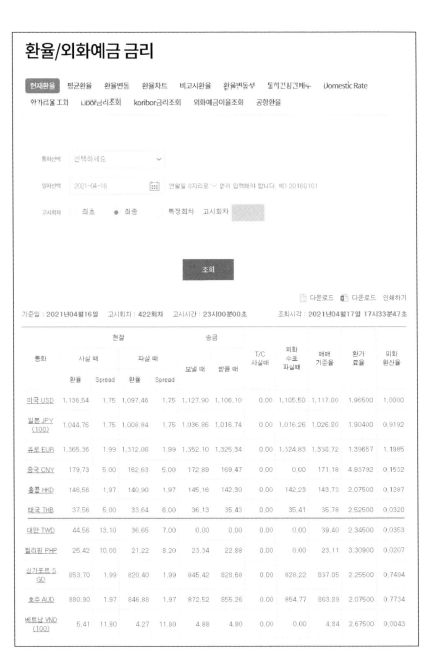

<그림 2> KEB하나은행 대고객매매율 고시

대고객 고시 환율은 은행의 정책에 따라 다르다. 위에서 예를 든 태국 바트화를 비교해 보더라도 두 은행의 대고객 고시 환율의 비율이 다르다는 것을 알 수 있다. 좋은 제품을 선택하기 위해 다리품을 팔 듯이, 은행 고객도 고시환율을 비교하여 더 유리한 거래를 하기바란다.

각 시중은행은 통화의 국제화 진행에 따라 매년 고시 통화를 늘리고 있어 국제간 자금결제를 원활하게 하는데 기여한다. 일본 엔, 인도네시아 루피, 베트남 동 등은 해당 통화 100단위 당 환율이다. 따라서 각종 분석에서는 상기 통화 환율에 100으로 나누어서 통화 1단위당 가격을 사용한다.

위의 "기준환율"이나 "매매기준율"은 고시 시점의 시장환율로 대고객 매매 고시환율을 결정하는 기준이 되며, 여기에 각 환율의 종류에 따라 일정 비율을 가감하여 고시한다. 한국은행이 전일 환율을 거래량으로 가중 평균하여 제시하는 매매기준율(회계 결산 시 환산율로 적용하는 환율)과는 다른 개념이다. (위에서 상세히 설명함)


• **국내 환율 결정 영향 요인**
 - 외환의 수요와 공급
 - 환율 제도, 정부 개입 또는 국제간 협력
 - 엔화 위엔화 등 무역 경쟁국 환율, 주가(미국, 한국), 반도체 가격, 유가
   등의 추이
 - 계절적 요인(월초·연초 강세, 월말·분기말·연말 약세 등)

## 1.4 환율결정 이론(환율, 이자율, 물가와의 관계)

### 1.4.1 물가와 환율

화폐로 물건을 살 수 있는 것은 화폐가 구매력을 갖고 있기 때문이다. 물가가 상승한다는 것은 화폐의 구매력이 감소한다는 것을, 물가가 하락한다는 것은 화폐의 구매력이 상승한다는 것을 의미한다.

환율은 두 화폐의 교환 비율이므로 두 화폐의 구매력의 변화는 환율에 반영되어야 한다. 즉, 물가가 더 많이 상승한 국가의 화폐는 구매력이 그만큼 더 많이 하락했음을 의미하므로 환율에 그러한 사실이 반영되어야 한다.

양국의 물가상승률에 차이가 있는 경우 이것이 환율에 반영되어야 한다는 것이다. 이와 같은 물가상승률의 차이와 환율 변화 사이에 존재할 것으로 생각되는 균형관계를 구매력평가(PPP: purchasing power parity) 가설이라고 한다.

구매력평가 가설은 단지 이론적인 관계에 의해 도출된 것으로 이것의 성립여부는 가설의 검증을 통하여 밝혀져야 할 문제이다. 현실적으로 구매력평가 가설이 성립할 것이라고 생각할 수 있는 근거는, 바로 이러한 균형관계가 성립하지 않을 경우 균형을 성립하게 하는 차익거래가 있기 때문이다. 예를 들어, 한국과 미국의 환율이 ₩1,400/$이고, 상품 A의 가격이 한국에서는 1,400원이고 미국에서는 1달러였다고 하자. 그후 1년 동안 한국의 물가상승률(인플레이션율)은 10%이었고 미국의 물가상승률은 1%였다면 이때 상품 A의 한국에서의 가격은 1,540원이 되고 미국에서의 가격은 1.01달러가 된다. 이러한 상황에서 환율의 변동이 없었다고 하면, 물가상승이 있기 전에 비해 상품 A의 가격이 한국에서 상대적으로 더 크게 상승해 있다고 할 수 있다. 이러한 상황을 이용해서 다음과 같은 차익거래를 할 수 있다.

미국에서 상품 A를 1.01달러에 구입해 한국으로 가져와(수입) 1,540원에 판매한다. 그리고 판매 대금을 달러로 환전하면 $1.10[₩1,540÷(₩1,400/$)]이 되어 0.09(약 8.9%)달러의 이익이 발생한다. 0.09달러의 이익이 거래비용을 상쇄하고 남는 정도의 이익이라면 이러한 이익이 소멸할 때까지 거래가 계속될 것이다. 이러한 거래를 차익거래라고 하는데, 차익거래는 결국 이익의 기회가 없어질 때까지 계속될 것이다.

예에서 이익의 기회가 발생한 이유는 물가상승률의 차이에도 불구하고 환율이 변동하지 않았기 때문이다. 많은 사람들이 원화를 달러로 바꾸어 미국에 가서 상품 A를 수입해서 한국에 판매하는 거래를 반복한다면, 미국에서 상품의 가격이 상승하고 외환시장에서 달리의 기치가 상승하는 방향으로 환율이 조정되어 새로운 균형환율이 형성될 것이다. 이러한 차익거래가 기능을 발휘하기 위해서는 거래(무역)에 제약이 없어야 한다. 정부의 규제, 거래비용, 불확실성 등이 존재할 경우 구매력평가 가설은 제대로 성립할 수가 없을 것이다. 실제로 구매력평가 가설이 성립하는가 여부를 검증하는 데는 몇 가지 현실적인 문제점들이 있다. 우선, 구매력평가 가설은 내용상 다음과 같은 가정을 전제로 하고 있다.

첫째, 실물시장이 완전하여 정보의 괴리, 관세, 수송비용, 정부규제 등이 없다.

둘째, 차익거래자는 위험중립적 선호(risk neutral preference)를 가진다.

셋째, 양국에 동일한 하나의 재화만 존재하거나 하나 이상의 재화가 있다면, 양국의 소비 바스켓(consumption basket)에 포함되어 있는 상품 구성과 각 상품의 구성 비중이 동일하다.

넷째, 소비 바스켓을 구성하고 있는 각 재화의 물가상승률은 동일하다(neutral inflation). 이와 같은 가정들이 충족된 상태에서만 구매력평가의 엄밀한 검증이 가능하다고 할 수 있다.

다음으로 이러한 문제점에도 불구하고 실제로 검증을 수행할 경우 그 과정에서 발생되는 문제는 인플레이션을 무엇으로 추정할 것인가이다. 결국 구매력평가의 검증은 여러 가지 문제를 내포하고 있는 것이며, 실증분석에서 이것이 기각되었다고 해도 구매력평가가 성립하지 않는다고 결론지을 수는 없는 문제라고 할 수 있다. 그동안의 검증 결과에 따르면, 구매력평가가 단기적으로는 성립하지 않지만 장기적으로는 성립한다는 것이다.

구매력평가는 두 가지 관점에서 생각해 볼 수 있다.

첫째, 환율이 두 통화가 가지는 구매력의 상대적 비율과 일치한다고 하는 절대적 구매력평가이다. 즉,

$$S_t = \frac{\dfrac{1}{P_t^{\text{미국}}}}{\dfrac{1}{P_t^{\text{한국}}}} = \frac{P_t^{\text{한국}}}{P_t^{\text{미국}}}$$

(구매력은 물가의 역수임)

둘째, 일정한 기간 동안의 환율변화율은 그 기간의 두 국가간 물가상승률의 차이와 같다는 상대적 구매력평가이다. 절대적 구매력 평가가 성립한다면,

$$\frac{E(S_{t+1})}{S_t} = \frac{\dfrac{1}{E(P_{t+1}^{\text{미국}})}}{\dfrac{\dfrac{1}{E(P_{t+1}^{\text{한국}})}}{\dfrac{1}{P_t^{\text{미국}}}}} = \frac{\dfrac{E(P_{t+1}^{\text{한국}})}{P_t^{\text{한국}}}}{\dfrac{E(P_{t+1}^{\text{미국}})}{P_t^{\text{미국}}}} = \frac{1+E(I_t^{\text{한국}})}{1+E(I_t^{\text{미국}})}$$

$$\frac{E(S_{t+1})-S_t}{S_t} = \frac{E(I_t^{\text{한국}})-E(I_t^{\text{미국}})}{1+E(I_t^{\text{미국}})}$$

단, $E$는 미래의 모르는 값에 대한 기대 값을 나타내는 연산자이므로 예상 환율 변동률은 기대 물가상승률의 차이와 같다고 할 수 있다.

### ※ 구매력 평가가설

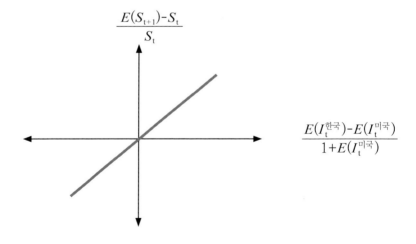

<그림 3> 구매력 평가 가설 그래프

## 1.4.2 이자율과 환율

금융거래에서 이자율은 거래전에 결정된다. 이 때의 이자율은 명목이자율을 의미하는 것이다. 거래자에게 중요한 것은 명목이자율에서 물가상승률을 제외한 실질이자율이다. 예를 들어, 물가상승률이 명목이자율보다 높다면 실질이자율은 음(-)이 되는데, 이 경우는 금융거래 결과 원금의 구매력 일부가 상실된 것이라고 할 수 있다. 이러한 관점에서 생각하면 이자율은 기대 물가상승률에 실질이자율을 더해서 결정하는 것으로 이해할 수 있는데 이러한 논리를 피셔 효과(Fisher Effect)라고 한다.

$$1+i_t=(1+r_t)(1+E(I_t))$$

단, $i_t$: 명목이자율, $r_t$: 실질이자율, $E(I_t)$: 기대물가상승률

위의 관계를 국제적으로 확장한 것이 국제 피셔 효과(International Fisher Effect)다. 한국과 미국의 이자율을 피셔 효과를 이용해서 표시하면 식(1), 식(2)와 같다.

$$1+i_t^{한국}=(1+r_t^{한국})(1+E(I_t^{한국})) \text{ ------ (1)}$$
$$1+i_t^{미국}=(1+r_t^{미국})(1+E(I_t^{미국})) \text{ ------ (2)}$$

금융시장이 완전 개방되어 국가 간에 실질이자율의 차이가 존재하지 않는다고 ($r_t^{한국}=r_t^{미국}$)가정하고 식(1)을 식(2)로 나누어 주면,

$$\frac{1+i_t^{한국}}{1+i_t^{미국}} = \frac{1+E(I_t^{한국})}{1+E(I_t^{미국})} \text{ -------- (3)}$$

식(3)에서 양변에 1을 빼 주고 정리하면,

$$\frac{i_t^{한국}-i_t^{미국}}{i+i_t^{미국}} = \frac{E(I_t^{한국})-E(I_t^{미국})}{1+E(I_t^{미국})} \text{-------- (4)}$$

식(4)에서 우측 항은 구매력평가 가설에 의해 환율 변동률과 같으므로 식(5)와 같이 쓸 수 있다.

$$\frac{E(S_{t+1})-S_t}{S_t} = \frac{i_t^{한국}-i_t^{미국}}{1+i_t^{미국}} \text{-------- (5)}$$

식(5)의 의미를 해석해 보면, 원화의 1년 만기 이자율이 15%이고 미국의 1년만기 이자율이 5%라면 향후 1년 동안에 원화는 달러화에 대해 가치가 10% 하락할 것이라고 예측할 수 있다는 것이다.

즉, 이자율이 상승하는 것은 통화의 구매력 하락과 연결된다고 할 수 있다. 그러나 이자율 상승이 물가 상승에 대한 기대 때문이 아니라 정책적 결정에 의한 것이었다면 이자율 상승이 오히려 통화의 구매력 상승으로 이어지는 결과가 나타날 수도 있다(1992년 9월 독일의 이자율 인상이 독일 마르크의 가치를 상승시켰던 것과 같은 현상이다).

### 1.4.3. 이자율과 선물환율

실물시장과 외환시장의 균형관계가 두 시장에 걸쳐 발생하는 차익거래(무역)의 결과로 성립된다고 할 수 있는 것처럼 금융시장과 외환시장의 균형관계도 두 시장에 걸쳐 발생하는 차익거래의 결과로 설명할 수 있다.

설명을 위해 $i$시점에 갑돌이가 1백만원을 투자한다고 가정하자. 물론 투자의 목적은 이익의 극대화다. 여러 가지 투자안들 중에서 첫 번째 투자안으로 한국의 예금상품에 투자를 고려한다고 하면 1년후에 투자에 의한 원리합계는 100만원×$(1+i_t^{한국})$이 된다. 두 번째 투자안으로 100만원을 미국 달러로 바꾸어 동일한 위험의 달러표시 예금상품에 투자한다면, 1년후에 투자안으로부터 얻을 수 있는 예상 원리합계는 (100만원+$S_t$)×$(1+i_t^{미국})$× $E(S_{t+1})$이 된다.

갑돌이는 위의 두 투자안 중에서 거래비용을 제한 후에 얻는 수익이 높은 투자안을 선택할 것이다. 다른 투자자들도 동일하게 행동할 것이므로 두 투자안에서 얻는 수익이 동일해지는 선에서 환율과 이자율이 조정될 것으로 볼 수 있다.

예를 들어, 두 번째 투자안의 예상 수익이 높다면 투자자들이 원화를 달러로 바꾸어 투자할 것이기 때문에 금융시장과 외환시장에서 이러한 이익 기회가 상실되는 방향으로 원화가치는 하락하고 (환율이 상승하고) 미국의 이자율은 하락하는 방향으로 조정돼 결국 예상수익이 첫 번째 수익과 같아질 것이다. 이 균형 관계는 100만원×$(1+i_t^{한국})$=(100만원+$S_t$)×$(1+i_t^{미국}$× $E(S_{t+1})$와 같이 나타낼 수 있다.

위의 관계를 이용해 차익거래를 하는 데는 t+1시점의 기대환율 $[E(S_{t+1})]$이 불확실하다는 문제가 있다. 이 문제를 해결하기 위해서 선물환시장에서 $F_t^{t+1}$의 선물환율로 이미 알고 있는 금액인 [100만원+$S_t$×$(1+i_t^{미국})$]달러 만큼의 선물환 매도계약을 체결한다면 앞의 균형관계 식은 다음과 같이 나타낼 수 있다.

100만원×$(1+i_t^{한국})$=(100만원+$S_t$)×$(1+i_t^{미국})$×$F_t^{t+1}$

단, $F_t^{t+1}$ : $i$시점에서 1년후의 선물환율

위의 식을 정리하면, (각자 도출해 볼 것!)

$$\frac{F_t^{t+1} - S_t}{S_t} = \frac{i_t^{한국} - i_t^{미국}}{1 + i_t^{미국}}$$

식에서 좌변은 선물환 할증 또는 할인을 의미하는 것으로 양(+)이면 선물환시장에서 원화의 가치가 하락한 것을, 음(-)이면 원화의 가치가 상승한 것을 의미한다. 위의 균형조건은 이자평가 정리(IRPT:interest rate parity theorem)라고 하며 이 장에서 다루고 있는 다른 균형조건과는 달리 실질적으로 시장에서 성립하는 조건이다. 단지 거래비용 때문에 일정한 범위 내에서 성립한다고 할 수 있다.


이자율과 선물환율 관계는 파생상품 선물(환)에서 실무 입장에서 다시 다루도록 하겠다.


### ※ 이자율평가조건과 거래비용

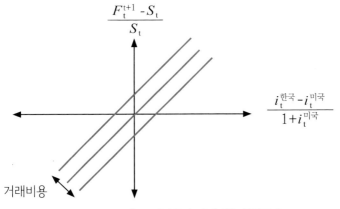

<그림 4> 이자율과 거래비용 상관관계

이자율평가정리가 성립하지 않을 경우(균형상태가 아닐 경우) 무위험 이자차익 거래의 기회가 존재하는데, 이자평가정리와 무위험 이자차익거래 관계는 아래표와 같이 정리할 수 있다. 이러한 기회가 존재할 경우 비록 자금이 없더라도 외환시장과 금융시장에서 거래할 능력만 있으면 추가적인 위험부담 없이 이러한 기회를 활용할 수 있으므로, 이와 같은 불균형은 발생해도 순간적으로 소멸한다고 보아야 할 것이다.

## ※ 이자율평가정리와 무위험 이자차익거래

<표 1> 무위험 차익거래

| 부등호의 방향 | 무위험차익거래의 내용 |
|---|---|
| $\dfrac{F_t^{t+1} - S_t}{S_t} < \dfrac{i_t^{한국} - i_t^{미국}}{1 + i_t^{미국}}$ $\dfrac{F_t^{t+1} - S_t}{S_t} > \dfrac{i_t^{한국} - i_t^{미국}}{1 + i_t^{미국}}$ | • 달러화의 차입→달러화 현물환 매도, 달러화 선물환 매입→원화로 투자 <br> • 원화의 차입→달러화 현물환 매입, 달러화 선물환 매도→달러화로 투자 |

### 1.4.4. 물가, 환율, 이자율의 균형조건 정리

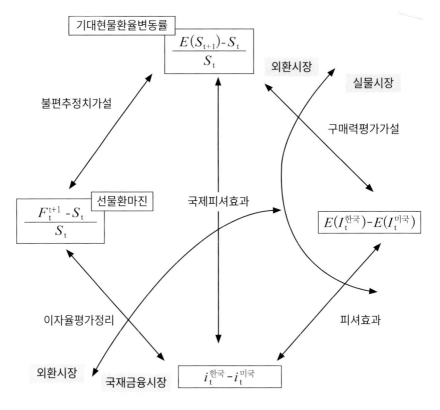

<그림 5> 물가, 환율, 이자율의 균형조건

## 1.5 환율제도

### 1.5.1 우리나라의 환율제도 역사

• **1980년 이전: 달러연동환율제도(dollar-pegged system)**

환율이 달러에만 연동되어, 국내외 경제 상황을 반영하지 못하고(예: 1,2

차 석유 파동 시 인플레현상) 엔 등 기타 통화의 상황도 반영하지 못한 부작용이 발생하여 다음의 복수통화 바스켓 제도로 전환되었다

• **1980년: 복수통화 바스켓 제도**

런던 외환시장과 뉴욕 외환시장에서 거래되는 5개국 통화를 가중평균하고 국제통화기금의 특별인출권(SDR)을 합산하고 조정하여 결정하는 환율이다.

• **1991년: 시장 평균환율제도(변동환율제도 + 일일 변동폭 제한)**

전일 중개시장에서 체결된 위에서 설명한 매매기준율을 중심으로 그 익일 상하한 폭을 두어 거래를 제한하는 환율제도다. 최초에는 상하한 폭을 0.4% 두었으나 점점 늘려 최종적으로는 10%로 확대하였다. 이때가 저자가 딜링을 시작할 때의 제도이며, 환율이 상하한에 이르러 거래가 더 이상 불가능 한 경우도 종종 발생하였다.

• **1997년-현재: 자유변동환율 제도(일일 변동폭 제도 철폐)**

현재는 자유변동환율 제도하에서 급격한 변동을 조절하여 지나친 환율변동을 방지하고, 급격한 환율변동에 따라 경제 주체가 받는 충격을 감소시키기 위해 정부(기획재정부, 환국은행 등)가 개입한다. (관리변동환율제도)

### 1.5.2 고정환율제도와 변동환율제도의 장단점

• 환율변동의 가격조정 기능에 의해 국제수지 불균형을 자동 해소(변동)

- 기업이 환 변동위험에서 벗어나 무역거래나 자본거래를 할 수 있게 되어 국제거래가 촉진되고 국제금융시장이 확대됨(고정)
- 한 국가의 경제가 타 국가의 통화나 조세 정책에 따라 받는 영향이 적음(변동)
- 환율 불확실성에 의한 경제적 기회비용 제거(고정)

## 2. 외환거래

### 2.1 대 고객거래 vs 중개기관(은행간, interbank)거래

- **대 고객거래:** 은행, 종금사, 증권사와 같은 외환중개소 참여자, 즉 기관투자가를 제외한 개인과 법인은 기관투자가를 통해(대 고객거래를 통해) 외환을 매매한다. 여기에서 은행과 개인 또는 법인과의 거래를 대 고객 거래라 하며, 이때 은행은 위에서 언급한 대 고객매매율이라는 환율을 적용한다. 단, 은행은 거래 고객의 기여도 등을 감안하거나, 대 고객매매율 정책상의 차이로 인해 다양한 가격(환율)을 고객에게 제시(우대환율 등)할 수 있다. 따라서 대 고객고시환율은 때때로 거래를 위한 참고용으로 사용할 때가 많으니, 충분한 협상을 통해 최대한 유리한 거래를 하기 바란다.

- **중개기관(은행간)거래:** 은행, 종금 및 증권사와 같은 기관거래자가 직접 참여하여 거래를 하는 중개기관시장을 외환시장이라고 부른다. 이곳에서

거래들 사이에 실시간으로 체결된 환율이 시장 환율이며, 은행은 이 환율을 중심으로 일정 비율을 정하여 대고객 매입률은 낮게 대고객매도율은 높게 환율의 종류(현찰, 송금 등)에 따라 비중을 달리하여 대고객매매율을 결정 고시한다. 따라서, 외환중개소에서 실시간으로 체결된 환율을 시장환율, 또는 기준환율이라 한다. 기관 거래자간의 거래는 대규모 거래로, 최소 거래 단위가 일백만 달러이며 거래시간은 오전 09시부터 오후 03시까지다.

## 2.2 헤지(Hedge)거래, 투기(Speculation)거래, 재정 거래(Arbitrage)

• **헤지 거래(Hedge Transaction)**: 무역 등 경상거래와 기타거래에서 발생한 외화의 원가를 확정하기 위한 거래로, 수출상이 앞으로 들어올 수출대전을 선물환으로 미리 매도하는 거래를 예로 들 수 있다. 헤지 거래를 통해 거래자는 향후 환율 변동과 관계없이 기 체결된 환율로 미래 만기일에 실물을 인수도 함으로써 수출 대전의 원가 환율을 고정하는 효과를 가져온다

• **투기 거래(Speculative Transaction)**: 미래의 환율 변동(상승 또는 하락)을 예측하여 이를 통해 이익을 발생시키려는 외환거래를 말한다. 즉, 환율이 상승할 것으로 예상되면 외화를 매수, 보유하고, 하락이 예상되면 매도 포지션을 보유하여 장래에 반대 거래를 통해 환차익을 획득하려는 것을 목적으로 한다. 따라서 예측이 맞을 경우 추가 환차익을 얻을 수 있으나 예측이 빗나갈 경우는 큰 손실을 입을 수 있다.

**(현물환 투기 vs 선물(환)을 활용한 투기거래)**

현물환은 거래 계약과 동시에 실물인수도가 이루어지므로 투자액 전액이 필요하다. 예를 들어, 환율이 상승할 것으로 예측하고 100만 달러를 사두려고 한다. 환율이 1USD=1,000원이라면 10억원을 투자해야 한다. 그러나 선물 또는 선물환은 만기일이 미래 특정 시점이므로, 거래 계약 당일에 전액을 투자할 필요가 없다. 위의 예를 그대로 적용하고 계약시점의 증거금 또는 보증금을 10%라고 한다면, 10억 대신 1억만 예치하고 100만 달러를 거래할 수 있다. 즉 10배의 금액을 투자하는 것이 선물이나 선도(선물환)에서는 가능하다. 이를 레버리지 효과라 한다. 실제 통화선물은 거의 30배의 레버리지로 거래가 가능하고, 국제플랫폼에서는 마진 현물환 등은 100배의 레버리지가 가능하기도 한다. 즉, 투자금을 순식간에 잃을 수 있는 투기성이 대단히 높은 거래이다.

• **재정(차익) 거래(Arbitrage):** 일시적인 외환 시장간 또는 상품간 가격 괴리를 이용하여 무위험 수익거래를 추구하려는 외환 거래를 말한다. 예를 들어 부산의 달러가 서울의 달러 보다 비싸다면, 서울에서 달러를 매입하여 동시에 부산에서 매도함으로써 환차익을 얻을 수 있을 것이다. 그러나 현재는 통신의 발달로 이와 같이 지역적인 가격 괴리에 의한 재정거래는 불가능하고(일물일가 원칙), 현물 캐리와 선물간 가격 괴리, 합성파생상품 가격과 그 합성파생상품을 구성하는 각 구성요소 거래의 합산 가격과의 괴리 등 고도의 복합금융거래에서 고성능 시스템의 도움을 받아 차익거래의 기회를 포착할 수도 있다.

## 3. 외환시장

### 3.1 국내외 외환중개소

일반적으로 외환시장은 앞에서 말한 기관거래자가 거래하는 외환중개소를 말하고, 그곳에서 체결된 실시간 환율을 시장환율이라고 한다. 이제부터는 이러한 외환시장을 중심으로 일련의 외환거래 체결구조를 알아본다.

<그림 6> 서울외환중개 홈페이지

우리가 해외출장 등 외국통화가 필요하면 은행지점에서 정해 준 환율로 원화를 지불하고 외화를 지급받는다. 이때에 우리가 필요한 외화가 달러인지 기타 통화인지에 따라 늘 겉으로는 간단하게 보이는 외환거래가 복잡한 절차를 거쳐 완료된다.

먼저 달러를 은행지점에서 사고자 할 경우 은행에서는 정해진 환율로 원화를 고객에게 지급받고 달러를 교부한다. 전국 지점에서 달러를 사고 파는 것은 실시간으로 은행 본점의 딜링 룸에 통합, 집계되고, 집계된 포지션의 차는 딜러가 처리한다. 예를 들어 전 지점에서 고객에게 판매한 달러가 1,000만달러고, 구매한 달러가 5백만 달러이면 이 은행은 현재 5백만 달러가 부족한(Short Position) 상태다. 헤지하지 않고 두면 환율이 상승할 경우 큰 손해를 보기 때문에, 본점 딜러들은 원칙적으로 집계된 포지션을 보고 곧바로 외환중개소를 통해서 매입 또는 매도를 한다. 이 경우는 물론 부족한 5백만 달러를 외환중개소에서 매입해 달러 상태가 매입액과 매도액이 균형(Square Position)을 유지한다.

<참고사항> 일일 외환거래량(한국은행 보도자료)

---

제 목 : 2021년 1/4분기중 외국환은행의 외환거래 동향

□ 2021년 1/4분기중 외국환은행의 일평균 외환거래(현물환 및 외환 파생상품 거래) 규모는 609.4억달러*로 전분기(505.0억달러) 대비 104.4억달러(+20.7%) 증가

    * 2008년 통계 개편 이후 최대치

o 현물환(245.4억달러, +44.0억달러) 및 외환파생상품(364.0억달러, +60.4 억달러) 모두 거래규모가 확대

---

# 부문별 외환거래규모 동향

## □ 은행별 외환거래규모

(일평균, 억달러, %)

| | 2019 | 2020 | 1/4 | 2/4 | 3/4 | 4/4(A) | 2021.<br>1/4(B) | B-A (증감률) | |
|---|---|---|---|---|---|---|---|---|---|
| 국 내 은 행 | 260.8 | 247.7 | 260.8 | 245.7 | 243.7 | 240.6 | 275.9 | 35.3 | (+14.7) |
| 현 물 환 | 110.2 | 113.6 | 112.4 | 113.7 | 116.2 | 112.1 | 129.5 | 17.4 | (+15.5) |
| 외환파생 | 150.6 | 134.1 | 148.3 | 132.1 | 127.6 | 128.6 | 146.5 | 17.9 | (+13.9) |
| 외 은 지 점 | 296.9 | 280.7 | 332.9 | 274.5 | 251.8 | 264.4 | 333.5 | 69.1 | (+26.1) |
| 현 물 환 | 88.0 | 89.6 | 98.6 | 89.5 | 81.1 | 89.3 | 115.9 | 26.6 | (+29.7) |
| 외환파생 | 208.9 | 191.1 | 234.3 | 185.0 | 170.7 | 175.1 | 217.6 | 42.5 | (+24.3) |
| 합 계 | 557.7 | 528.4 | 593.7 | 520.2 | 495.6 | 505.0 | 609.4 | 104.4 | (+20.7) |

## □ 거래상대방별 외환거래규모

(일평균, 억달러, %)

| | 2019 | 2020 | 1/4 | 2/4 | 3/4 | 4/4(A) | 2021.<br>1/4(B) | B-A (증감률) | |
|---|---|---|---|---|---|---|---|---|---|
| 외국환은행간[1] | 242.2 | 222.5 | 241.9 | 227.5 | 209.2 | 211.8 | 245.8 | 34.0 | (+16.1) |
| 현 물 환 | 96.1 | 92.5 | 95.1 | 95.2 | 91.0 | 88.8 | 105.3 | 16.5 | (+18.6) |
| 선 물 환 | 15.2 | 13.1 | 14.2 | 11.7 | 13.1 | 13.4 | 12.6 | -0.8 | (-6.2) |
| 외환스왑 | 126.0 | 112.2 | 127.4 | 115.8 | 100.5 | 105.4 | 122.1 | 16.7 | (+15.9) |
| 통화스왑 | 4.7 | 4.6 | 5.1 | 4.7 | 4.5 | 4.2 | 5.7 | 1.6 | (+38.1) |
| 통화옵션 | 0.1 | 0.1 | 0.2 | 0.1 | 0.1 | 0.1 | 0.1 | 0.1 | (+125.0) |
| 국 내 고 객[2] | 123.2 | 129.4 | 143.6 | 124.6 | 124.1 | 125.4 | 149.3 | 23.9 | (+19.0) |
| 현 물 환 | 53.9 | 61.6 | 62.9 | 60.7 | 61.0 | 61.6 | 73.4 | 11.8 | (+19.2) |
| 선 물 환 | 16.6 | 14.6 | 17.8 | 13.5 | 13.0 | 14.1 | 18.3 | 4.2 | (+29.8) |
| 외환스왑 | 47.3 | 48.4 | 56.8 | 45.2 | 45.4 | 46.4 | 53.0 | 6.6 | (+14.3) |
| 통화스왑 | 4.2 | 3.6 | 4.3 | 3.8 | 3.7 | 2.4 | 3.4 | 1.0 | (+43.8) |
| 통화옵션 | 1.2 | 1.2 | 1.7 | 1.4 | 0.9 | 0.9 | 1.1 | 0.2 | (+16.8) |
| 비 거 주 자[3] | 192.3 | 176.5 | 208.2 | 168.1 | 162.3 | 167.9 | 214.3 | 46.4 | (+27.7) |
| 현 물 환 | 48.3 | 49.1 | 53.1 | 47.3 | 45.2 | 51.0 | 66.6 | 15.7 | (+30.7) |
| 선 물 환 | 88.1 | 71.5 | 94.1 | 67.9 | 59.6 | 64.7 | 82.8 | 18.1 | (+28.0) |
| 외환스왑 | 52.8 | 52.8 | 57.3 | 49.2 | 54.4 | 50.0 | 61.5 | 11.6 | (+23.1) |
| 통화스왑 | 2.2 | 2.2 | 2.4 | 2.8 | 2.2 | 1.5 | 2.4 | 0.9 | (+62.1) |
| 통화옵션 | 0.9 | 0.9 | 1.2 | 0.9 | 0.8 | 0.7 | 0.9 | 0.2 | (+28.4) |
| 합 계 | 557.7 | 528.4 | 593.7 | 520.2 | 495.6 | 505.0 | 609.4 | 104.4 | (+20.7) |

주 : 1) 외국환은행간의 거래, "(매수+매도)/2" 기준
2) 외국환은행과 국내 개인 및 기업 등 국내고객간 거래
3) 외국환은행과 해외금융기관 및 해외고객간 거래

한국은행 보도자료에 따르면 2021년도 1/4분기의 일일 평균 외환기래량이 약 610억 달러이고 그 중 현물환거래가 245억 달러, 파생상품이 364억 달러에 이른다.

또한, 삼성전자 등 대기업의 대규모 거래는 본점의 딜링 룸과 직접 교섭하여 지점을 배제한 상태에서 외환거래를 하곤 한다

### \<참고사항\> 은행 본점의 직거래 규정(일부 예시)

**5.1.1 직거래손님**

1. 영업점 또는 RM(이하 "영업점"이라 한다)은 손님의 특성 상 자금시장영업섹션에서 집중하여 신속하게 거래를 체결할 필요가 있거나, 보다 전문화된 서비스를 제공할 필요가 있다고 판단되는 경우, 자금시장영업섹션에 직거래손님으로 등록을 요청할 수 있다.

2. 영업점은 직거래손님으로 등록된 손님에 대하여 직거래손님으로 등록 되지 않은 손님과 동일하게 한도관리 및 리스크 관리 책임을 진다.

3. 영업점은 직거래 신청 손님의 외환 및 파생상품 거래 관련 위임장을 징구한 후 직거래로 체결하고자 하는 파생상품 거래의 종류, 건별 거래 가능기간, 담보서류의 종류, 거래담당자 정보 등을 명시한 공문으로 자금시장영업섹션 및 자금결제섹션 앞 직거래손님으로 신청하여야 한다.

4. 영업점은 직거래손님 선정 후 변동사항이 있는 경우에는 지체 없이 동 내용을 상기 3.에 따라 자금시장영업섹션으로 통보하여야 한다.

따라서 외환거래로 발생하는 리스크 관리에서 가장 중점적으로 관심두어야 할 부분은 우리 기업의 리스크 상태, 즉, 외부에서 불리한 상황이 전개되면 어느 부분에서 어느정도 손실을 입을지 가장 먼저 아는 것이다. 위의 참고사항처럼 파생상품 등에 대해서는 본점과 직거래를 하거나 파생상품 전문가의 도움을 충분히 받을 수 있다. "우리 자신을 먼저 알아야"겠다.

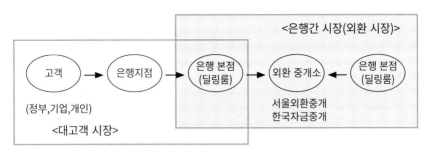

<그림7> 국내 KRW/USD 시장 업무 흐름도

다음으로 달러 외의 통화(엔화, 유로 등)를 은행지점에서 사고자 할 경우 은행에서는 정해진 환율로 원화를 고객에게 지급받고, 외화를 교부한다. 이 경우에도 전 지점에서 거래된 것을 각 통화 별로 집계해서, 국제시장에서 해당 통화를 구매할 수 있도록 먼저 원/달러 시장에서 달러를 매매하고, 이 종통화 딜러(Currency Dealer)는 국제 외환시장(중개소)에서 달러를 중심으로 해당 통화를 매매한다. 현재 국제외환시장은 로이터, 블룸버그 등을 중심으로 외환 중개 플랫폼을 개설해 거래에 대응하고 있다. 즉 달러 이외의 통화의 경우에는 은행지점·본점의 원달러 딜러, 본점의 이종통화 딜러 등이 각기 국내·국제 외환시장에 참여하여 고객의 거래에 대응하고 있다.

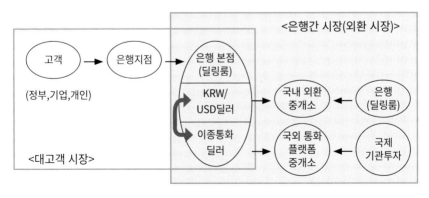

<그림8> KRW/USD를 제외한 국제통화의 시장 업무 흐름도

<그림 9> 해외거래 외환중개 플랫폼

## 3.2 장외시장(OTC Market), 장내시장(Exchange Market)

• **장외 시장(OTC Market):** 은행에서 창구를 사이에 두고 일대일 거래 (Over the Counter)를 하는 것에서 유래된 것으로, 장외 시장이라고도 한 다. 지점, 본점 딜링 룸, 외환중개소를 통해 일련의 작업을 수행, 처리하여 외환거래를 수행하는 것으로, 일반 고객들의 은행 창구거래를 말한다. 대표 적인 상품으로 일일 거래량이 각종 상품 중에서 가장 많은 비중을 차지하는 이자율 스와프(Interest rate Swap)를 비롯하여, 그 밖의 스와프(외환 스와 프, 통화 스와프), 은행 창구의 현물환, 선물환, 장외옵션 등을 들 수 있다.

• **장내 시장(Exchange Market):** 증권거래소처럼 불특정 다수가 거래소 에 참여하여 호가가 일치할 때 거래를 체결해 주는 거래소 상품으로, 외환 거래 상품으로는 통화선물이 있다. 이 시장에서는 개별 거래자의 특성을 고려하지 않고, 거래 체결의 편의성을 증대하고자, 통화선물의 경우 최소

거래량(1계약당 5만 달러), 만기일 특정, 거래증거금 및 추가증거금 청구 (Margin Call), 강제청산 등의 제도가 있다. 금액을 특정하여(예시: 75,000 달러) 거래가 불가능하고 만기 선택권도 없으므로, 실무에서 헤지 전략으로 약간 불편하나, 그 대신 일반적으로 거래 수수료가 저렴한 특징이 있다. 이에 대해서는 2편 4장 환리스크 관리 기제에서 자세히 다룰 것이다.

# 2 리스크 및 리스크 관리 개요

# 1. 리스크 및 리스크 관리 정의

## 1.1 리스크 정의

환리스크 관리를 논의하기 전에 먼저 리스크와 리스크 관리 정의를 알아본 후, 환리스크가 전체적인 리스크 체계에서 차지하는 위치를 알아보기 위해 전사 〉 재무 〉 시장 〉 환, 리스크 순으로 간단히 알아 보자.

리스크란 자신의 재무구조 등 여러 여건에 비추어 시장상황 등이 유리하거나 불리하게 변할 수 있는, 즉 미래의 금융환경이 어떻게 변할지 모르는 불확실한 상태(Uncertainty)를 말한다. 따라서 리스크는 반드시 미래의 불리한 상황전개(Danger)를 말하는 손해(Loss)와는 의미상 차이가 있다.

미래의 불확실성 자체는 회사의 안정성을 떨어뜨려 주가에 불리하게 영향을 미친다. 그러나 이를 잘 활용하면 유리한 상황(Opportunities)은 선택하고 불리한 상황이 도래할 가능성을 배제하여, 안정성(Risk Management)과 수익성(Opportunities)을 동시에 추구할 수 있다. 상황에 따라서는 리스크의 이런 점을 잘 활용할 경우, 본업에서 거둬들이는 영업이익보다 큰 이익을 리스크 관리 과정에서 획득할 수 있는 경우도 종종 발견된다.

마지막 장의 리스크 관리 전략에서는 이런 사례를 중심으로 과학적인 리스크 관리를 통해 재무건전성과 수익성을 모두 높일 수 있는 전략을 상세히 알아볼 것이다.

## 1.2 리스크 관리의 정의

회사들은 대부분 리스크를 회사의 장, 단기 경영목표 달성을 저해하는 요소들로 정의하여 관리를 함으로써, 기업목표인 기업 안정성(또는 건전성)을 강화해 기업가치나 주가를 높이고자 한다.

미래 금융시장의 상황전개는 누구도 알 수 없다. 현재의 모든 금융변수 가격은 모든 사람들이 알고 있는 정보가 반영되어 균형을 이룬 수급가격이다. 즉, 자기만이 알 수 있는 미래 금융변수의 변화요인은 있을 수 없다는 것이다. 이런 리스크 상황이나 불확실한 상태에서 리스크 관리라는 것은 의외로 단순 명료하다.

먼저 유리 또는 불리하게 될지 모르는 환경 속에서, 유리하게 변동할 수 있는 가능성은 배제한 채, 불리한 상황을 가정하고 그 피해를 추정한다. 다음으로 실제 이런 상황이 도래한다고 가정하고 그 영향도를 파악하여, 이에 대처하는 계획을 미리 수립하여 시행하면 되는 것이다.

즉, 미래에 재무 등 환경 변수가 불리하게 전개된다고 가정하여 그 정도를 추정하고 대책을 수립하는 것으로, 미래에 있을 수 있는 최악에 대비해 어떤 상황이 도래해도 회사의 안정성을 담보할 수 있는 것이다. 이와 같은 리스크와 리스크 관리 개념을 모든 리스크 관리의 기반으로 삼아 항상 리스크 관리의 중심에 두어야 한다.

기업의 안전성 또는 건전성을 무엇으로 평가하나? 아니면 어떤 것이 기업 안전성을 해치는 투기거래고, 무엇이 안전성을 높이는 헤지 거래인가?

그 답은 상황에 따라 추가이익이나 추가손실을 가져오는, 즉 운이 좋으면 추가이익에 의한 당기순이익이 급등하고, 그렇지 않으면 당기순이익이 급감하는 등의 경우가 투기거래이다.

이와 반대로 어떠한 환율변동이 오더라도 정당한 마진을 유지하여, 당기순이익의 변동성을 극소화함으로써 기업의 건전한 발전을 도우는 거래가 헤지 거래이다.

예를 들어 '키코'(KIKO:Knock-In Knock-Out)를 살펴보자. 계약시점에서는 현재의 환율보다(정상가보다) 더 높은 환율로 달러를 매도할 수 있다. 그러나 만기전에 달러가 일정환율 보다 상승하면 계약액의 몇배에 해당하는, 시세보다 낮은 계약 환율로 은행에 팔아야 한다. 금융환경이라는 운에 따라 당기순이익이 요동을 치는 것이다. 이런 기업들은 투자자에게 믿음을 줄 수 없고, 따라서 주가하락을 가져온다. 결국 '키코'는 리스크 관리 측면에서 보면 최악의 투기 기제인 것이다.


다음 장에서는 이 책의 핵심내용인 "환리스크 관리"를 본격적으로 다루기 전에 리스크 관리의 전체 체계를 알아본다. 재무리스크와 비재무리스크를 포괄한 전체 리스크를 전사리스크라 하고, 재무리스크는 대체로 시장리스크, 유동성리스크, 신용리스크로 분류하고 시장리스크에는 환리스크를 포함하여, 금리, 채권, 주가, 주가지수, 원자재 등 리스크가 있다. 따라서 환리스크 위치는 전사리스크 〉 재무리스크 〉 시장리스크 〉 **환리스크**의 체계에 속한다.

<표1> 리스크 관리 체계

| | 대분류 | 중분류 | 소분류 |
|---|---|---|---|
| 전사적 리스크 관리 | 재무리스크 관리 | 시장리스크 | 환율, 금리, 채권, 주가, 원자재 등 |
| | | 유동성리스크 | 적정유동성 도출 |
| | | 신용리스크 | 동일인 한도, 채무자 신용평가 등 |
| | 비재무리스크 관리 | 자연재해, 시스템오류, 내부사취, 외부사취 등 | |

## 2. 전사적 리스크 관리(ERM) 개요

전사적 리스크관리(ERM:Enterprise Risk Management)는 제반 관리 대상 리스크를 한곳으로 집중하여 전체 리스크를 하나의 포트폴리오로 보고 관리하는 새로운 리스크 관리법이다. 이때 리스크를 "단기 전술적, 장기 전략적으로 회사의 목적 달성을 저해하는 모든 요소"라고 정의한다.

그렇다고 위의 정의와 같이 모든 리스크를 관리할 수는 없다. 따라서, 전 부서 부문 및 외부 공급자 등 조력자가 참여한 가운데 먼저 모든 요소들을 세미나 등을 통해 발굴해 내고(이를 리스크 인식이라 한다), 발굴된 리스크를 심각도(Severity), 빈도(Probability), 통제가능성 등의 기준들을 놓고 정성적 평가를 한다(이를 리스크 평가라 한다). 평가된 리스크 요소 중 일정 수준 이상으로 회사 존속에 위험이 되는 것을 선별하여 이를 집중적으로 관리하게 된다. 물론 이러한 과정을 위해서 회사는 사전에 리스크 관리 철학, 목표, 정책, 내부통제 및 관리 프로세스 등 리스크 관리 프레임워크를 구성해 놓아야 한다.

## 2.1 전사적 리스크 관리 체계

<표2> 체계도

| 구 분 | 성 격 | 소 항목 | 내용 및 통제(관리) 방법론 |
|---|---|---|---|
| 재무<br>(계량)<br>리스크 | 위기(손실)와<br>기회(이익)<br>가능성이<br>동시에<br>존재한 미래<br>불확실성을<br>말함<br>(리스크와<br>기회의<br>최적 상태를<br>도출하도록<br>전략 도출) | 시장<br>리스크 | -금리, 환율 등 시장 가격 변동에 따른 리스크<br>-가치 변동(VaR)과 수익흐름변동(EaR)을 측정하여 통제<br>-파생상품(IRS, CRS, Forward 등, 변동량 통제) 또는 최적재무구조(리스크와 수익의 최적화) 활용 |
| | | 유동성<br>리스크 | -흑자도산 또는 급전 조달에 따른 추가 비용 가능성<br>-적정 유동성 산출하여, 현금 보유 수준 결정 |
| | | 신용<br>리스크 | -상대방의 채무 불이행에 따른 손실 가능성<br>-거래 상대방의 신용도 통제, 운용 상품별, 거래 기관별 한도 설정 운용 |
| 비재무<br>(비계량)<br>리스크 | 비 재무적<br>리스크로서<br>운영 리스크<br>(operation<br>risk)라고도 함 | -자연재해<br>-재난에 해당<br>하는 사고<br>-환경피해<br>-기술적 사고<br>-내부 직원<br>사고 등 | -효율적 위기관리 조직 구성 및 운영<br>* 잠재적 위기도출 및 주요 위험선정<br>* 대응방법 도출 및 매뉴얼화<br>* 신속한 위기인지 체제 구축<br>* 평상 시 반복 모의 훈련 시행<br>* 홍보 등을 포함한 전문가적 위기<br>  관리 팀(태스크 포스) 구성 운영<br>-강력한 내부통제 체제 구축 및 시행<br>-보험 등 대외적 위기 회피 방법 활용 |

## 2.2 코소(COSO)의 전사적 리스크 관리 체계

### 2.2.1 코소(COSO)란?

코소(COSO:The Committee of Sponsoring Organizations of the Tread way Commission)는 경영윤리, 내부통제, 기업지배구조 등의 이슈를 연구하는 미국의 비 정부 기구로, 2003년 7월 전사적 리스크 관리의 의미와 구성요소 등을 정의한 보고서를 발표했다. 내부통제(Internal Control)에 있어서 세계적으로 가장 권위 있는 단체이며, 연구 결과는 국제 표준으로 인식되고 있다. 권위 있는 코소의 전사적 리스크 관리 프레임워크는 전세계적으로 전사적 리스크 관리의 모범 기준으로 활용될 것이다.

위와 같이 전사적 리스크 관리는 세계적 표준이 2003년에 시작되는 것으로서, 리스크 관리의 신개념이라 볼 수 있다. 이른 시간 내에 이런 체제를 갖춤으로써 세계적 추이에 뒤지지 않아야 하겠다.

### 2.2.2 코소의 전사적 리스크 관리 프레임워크

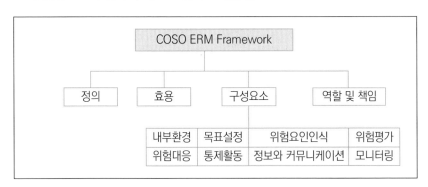

<그림 9> 코소의 전사적 리스크 관리 프레임워크

## 1) 정의(ERM Definition)

전사적 리스크 관리는 주요 경영위험들을 전사적 시각에서 하나의 위험 포트폴리오로 인식, 평가하고 명확한 책임 주체 하에 전사적으로 관리하는 새로운 위험관리 방식이다.

## 2) 효용(ERM Benefit)

<표 3> 효용의 구분과 내용

| 구 분 | 내용 |
|---|---|
| 일반적 효용 | • 개별 위험간 상쇄로 인해 전체 위험이 감소하는 포트폴리오 효과 및 자연적 헤지(Natural Hedge) 효과<br>• 전사적 측면에서 체계적인 위험 인식과 대응으로 위험관리의 효율성 제고 |
| 대내적 효용 | • 구성원과 조직 전체의 위험 관리 의식을 높여<br>- 사업 성과 향상<br>- 내부 통제 및 기업 지배구조 강화 |
| 대외적 효용 | • 대외적 위험 관리 커뮤니케이션을 통해<br>- 이해 관계자의 신뢰 확보 |

## 3) 역할 및 책임(Roles & Responsibilities)

<표 4> 역할과 책임의 내용

| 구 분 | 내용 |
|---|---|
| 과거의 위험관리 | • 각각의 기능 및 부서 단위로 위험을 인식하고 관리 |
| 전사적 위험관리 | • 전사 위험관리의 명확한 책임 주체를 중심으로 각 부문의 위험 관리를 통합 |

## 4) 구성 요소

### <표 5> 전사적 위기 관리의 구성 요소

| 구 분 | 내 용 |
|---|---|
| 내부 환경<br>(Internal<br>Component) | • 무형 요소: 위험 관리 목표<br>• 조직 요소: 이사회, 관리 책임 등 |
| 목표 설정<br>(Objective Setting) | • 기업의 비전을 추구하기 위해 목표와 전략을 설정하는 것이며, 위험 인식과 평가의 기반이 됨 |
| 위험요인 인식<br>(Event<br>Identification) | • 기업 목표를 저해할 수 있는 사건 및 상황, 즉 위험을 발생시킬 수 있는 대내외적 요인을 사전 파악 |
| 위험 평가<br>(Risk Assessment) | • 잠재적인 위험에 대해 그 영향 정도를 정량적(시장 위험), 정성적 방식(리스크 맵 등)으로 평가 |
| 위험 대응<br>(Risk Response) | • 최적의 위험 대응 방안을 선택하여 실행(고려사항)<br>• 위험취향, 위험 발생가능성과 심각성, 기대효과 등 (방법)<br>• 위험 감수, 위험 회피, 위험 감소, 위험 공유(재무) |
| 통제 활동<br>(Control Activities) | • 위험 대응이 효과적으로 수행되기 위한 정책과 절차를 의미, 기업내 모든 조직과 기능 수준에서 수행됨 |
| 정보와<br>커뮤니케이션<br>(Information &<br>Communication) | • 기업의 내외부에서 위험 관리에 관련된 정보를 인지, 획득, 공유하는 과정 |
| 모니터링<br>(Monitoring) | • 전사적 위기 관리의 각 요소들이 효과적으로 수행되는지를 관찰(평가) 형태로 지속적으로 평가(On-going Activities)하고 개별적으로 평가(Specific Evaluation) |

## 2.3 리스크 관리의 배경

### 2.3.1. 기업 가치의 제고(기업 목표 달성)

(기업 가치 또는 주가 제고) = $\int$(영업성과, 안정성, 기타)

기업가치(주식회사의 경우 주가)는 대체로 영업에 의한 수익 증대와 외부 환경변화에 대해서도 큰 영향을 받지 않는 안정성에 따라 주로 결정된다. 본부 부서의 전략·영업 본부는 주로 영업성과를 올릴 수 있도록 노력하고, 리스크 부서, 컴플라이언스(compliance) 부서 등은 기업안정성을 주로 담당한다. 즉, 리스크 관리부서는 기업의 안정성을 확고히 하면 자신의 주어진 책무를 다하는 것이다.

그러나 마지막 장의 리스크 관리 전략을 참고하면 리스크 관리 영역이 달라지게 된다. 미리 언급하자면, 동일한 안정성을 달성하는 방법은 무수히 많다. 어느 방법론을 선택하더라도 회사의 안정성을 담보할 수 있는 것이다. 그러나 여기에서 한발 더 나아가 그 무수한 방법론 중에서 최고의 이익이나 최저 비용을 달성할 수 있는 전략이 있으면 그 기회를 놓치지 않아야 한다.

현재의 리스크 관리는 "돈 버는 리스크 관리", "리스크와 수익의 상쇄효과에서 최상의 전략 도출"을 요구하고 있다. 실제적인 돈 버는 리스크 관리는 마지막장 "환리스 관리 전략"에서 다루기로 하고 당분간 밀어 놓자

### 2.3.2 최근 리스크 관리 방향

<표 6> 리스크 관리방식 비교

| 전통적 관리 방식 | 전사적 관리 방식 |
|---|---|
| 구매, 수출, 재무 등 기능 및 부서 단위로 위험을 관리 | 위험을 전사적으로 하나의 포트폴리오로 관리 |
| 위험의 단일 변량에 대한 규모의 적절성을 관리 | 위험과 보상(Risk-Reward)을 연계하여 관리 |

**※ 참고사항**

새로운 리스크 관리 방식은 모든 리스크를 하나의 포트폴리오로 보고, 한 부서에서 책임을 지고 관리하는 전사적 위험관리(ERM) 방식을 사용한다. 그러나, 통합관리하기 위해서는 위험을 추정, 계량화하고 합산해야 한다. 여기에서 합산하기 위한 각 변수간 상관계수가 필요한데, 계량(재무) 위험과 비계량(비재무) 위험량을 합산하기 위한 상관계수를 찾기 어렵다. 예를 들어 원/달러(재무위험)와 화재의 분포에(비재무 위험) 대한 상관계수를 찾기 힘들다. 따라서 위의 각 위험은 개별적(독립적)으로 측정하여 단순 합산하게 된다.

또한, 위험량 만을 통제하지 않고, 수많은 리스크 허용한도(목표)를 달성할 수 있는 여러 대책 중에서(즉, 위험량 통제를 만족시킨 수많은 대책 중에서) 수익성이 제일 높은 것을 찾아내는 것도 현재의 리스크 관리방법론이다. 단순한 리스크량 통제가 아닌 "돈 벌면서 기업의 재무건전성을 높이는 리스크 관리"가 필요한 때이다.

### 2.3.3 리스크 관리 의무화 추세

회계 정보는 과거 일정한 기간의 수익 구조(손익계산서)나 과거 일정시점의 자산, 부채·자본 현황을 보여주는 것으로 모두 과거 지향적이다. 투자자 등 회사 관련 이해관계자(Stakeholder)에게는 미래정보가 더 필요하다. 모든 투자자는 기업의 미래에 투자하기 때문이다. 리스크 정보는 미래에 일어날 수 있는 가능성에 관련된 정보다. 단순한 회계정보 공개는 미래의 투자정보 등을 담보하지 못한다. 따라서, 세계 유수의 증권 거래소는 상장대상 기업들에게 회사 전체의 위험 상황을 공시하도록 의무화하고 있다.

오히려, 앞으로 예를 들 바스프(BASF)사의 경우 리스크에 대한 제도, 조직, 프로세스 및 리스크 유형별 정의, 대처 방법을 홈 페이지에 자세히 게시해, 이해관계자에게 자사의 미래 리스크 정보를 적극적으로 커뮤니케이션한다. 그 결과 투자자에게 기업 안전성에 대한 확신을 심어주고, 기업목표인 주가제고에 기여하는 것은 자명하다. 우리나라 대기업도 속히 투명하고 전반적인 리스크(미래) 정보를 공유해야 할 것이다.

혹자는 "회계상의 지표를 보고 투자를 결정하는 것은 백미러를 보고 운전하는 것과 같다"라는 표현을 썼다. 그야말로 리스크 관리에 있어 최상의 표현이다.

<표 7> 주요 국가의 리스크 관리

| 국가 | 기관 | 내용 |
|------|------|------|
| 미국 | SEC | 경영 위험의 수준을 문서화하여 공시할 것을 규정 |
| 영국 | LSE | 위험 관리 활동과 내부 통제 효율성을 측정하는 보고서 제출을 의무화 |
| 독일 | FMJ | 주요 경영 위험에 대한 관찰 및 관리 체계를 구체화하고 위험 관리 활동을 감독 당국에 주기적으로 보고하도록 법제화 |


### 2.3.4 공기업 경영평가(기획재정부)

**- 경영평가의 의의**

○ 「공공기관의 운영에 관한 법률」(이하 "법률"이라 한다) 제48조에 따른 '경영실적 평가제도'는 공기업·준정부기관의 자율·책임경영체계 확립을 위해, 매년도 경영 노력과 성과를 공정하고 객관적으로 평가하는 제도이다.

  - 동 제도는 공기업·준정부기관의 공공성 및 경영효율성을 높이고, 경영 개선이 필요한 사항에 대해 전문적인 컨설팅을 제공함으로써 궁극적으로 대국민서비스 개선을 목적으로 한다.

○ 기획재정부 장관은 공정하고 객관적인 평가를 위해, 법률 제48조 및 같은 법 시행령 제27조에 따라 매 회계연도 개시 전까지 평가기준과 방법을 정한 평가편람을 작성한다.

**- 경영평가 기준**

**\* 평가유형**

○ 2020년도 공기업·준정부기관은 평가유형구분 기준에 의거 다음과 같이 구분한다. 다만, 「공공기관의 운영에 관한 법률」에 따라 변경 지정된 경우 평가 유형을 조정하여 평가할 수 있다.

| 유 형 | | 기 관 명 |
|---|---|---|
| 공기업<br>(36개) | 공기업 I<br>(10개) | 인천국제공항공사, 한국가스공사, 한국공항공사, 한국도로공사, 한국석유공사, 한국수자원공사, 한국전력공사, 한국지역난방공사, 한국철도공사, 한국토지주택공사 |
| | 공기업 II<br>(26개) | 강원랜드(주), 그랜드코리아레저(주), 대한석탄공사, 부산항만공사, 여수광양항만공사, 울산항만공사, 인천항만공사, 제주국제자유도시개발센터, 주식회사 에스알, 주택도시보증공사, ㈜한국가스기술공사, 한국감정원, 한국광물자원공사, 한국남동발전(주), 한국남부발전(주), 한국동서발전(주), 한국마사회, 한국방송광고진흥공사, 한국서부발전(주), 한국수력원자력(주), 한국전력기술(주), 한국조폐공사, 한국중부발전(주), 한전KDN(주), 한전KPS(주), 해양환경공단 |
| 준정부<br>기관<br>(93개) | 기금<br>관리형<br>(13개) | 공무원연금공단, 국민연금공단, 국민체육진흥공단, 근로복지공단, 기술보증기금, 사립학교교직원연금공단, 신용보증기금, 예금보험공사, 중소벤처기업진흥공단, 한국무역보험공사, 한국원자력환경공단, 한국자산관리공사, 한국주택금융공사 |
| | 위탁<br>집행형<br>(41개) | 건강보험심사평가원, 국립공원공단, 국립생태원, 국민건강보험공단, 대한무역투자진흥공사, 도로교통공단, 사회보장정보원, 소상공인시장진흥공단, 우체국금융개발원, 우체국물류지원단, 축산물품질평가원, 한국가스안전공사, 한국고용정보원, 한국관광공사, 한국교통안전공단, 한국국제협력단, 한국국토정보공사, 한국농수산식품유통공사, 한국농어촌공사, 한국방송통신전파진흥원, 한국보훈복지의료공단, 한국산업기술진흥원, 한국산업단지공단, 한국산업안전보건공단, 한국산업인력공단, 한국석유관리원, 한국소비자원, 한국승강기안전공단, 한국시설안전공단, 한국에너지공단, 한국연구재단, 한국인터넷진흥원, 한국장애인고용공단, 한국장학재단, 한국전기안전공사, 한국전력거래소, 한국정보화진흥원, 한국철도시설공단, 한국해양교통안전공단, 한국환경공단, 한국환경산업기술원 |
| | 강소형<br>(39개) | 국제방송교류재단, 국토교통과학기술진흥원, 농림수산식품교육문화정보원, 농림식품기술기획평가원, 농업기술실용화재단, 독립기념관, 시청자미디어재단, 아시아문화원, 연구개발특구진흥재단, 재단법인 대한건설기계안전관리원, 정보통신산업진흥원, 중소기업기술정보진흥원, 창업진흥원, 한국건강증진개발원, 한국과학창의재단, 한국광해관리공단, 한국교육학술정보원, 한국기상산업기술원, 한국노인인력개발원, 한국디자인진흥원, 한국보건복지인력개발원, 한국보건산업진흥원, 한국보육진흥원, 한국산림복지진흥원, 한국산업기술평가관리원, 한국소방산업기술원, 한국수자원공단, 한국식품안전관리인증원, 한국언론진흥재단, 한국에너지기술평가원, 한국우편사업진흥원, 한국임업진흥원, 한국재정정보원, 한국청소년상담복지개발원, 한국청소년활동진흥원, 한국콘텐츠진흥원, 한국특허전략개발원, 한국해양수산연수원, 해양수산과학기술진흥원 |

\* 밑줄 친 기관은 중장기재무관리계획 제출 기관임

## * 평가기본체계

| 평가범주 | 주요 평가내용 |
|---|---|
| 경영관리 | 경영전략 및 리더십, 사회적 가치 구현, 업무효율, 조직·인사·재무관리, 보수 및 복리후생관리, 혁신과 소통 |
| 주요사업 | 공공기관의 주요사업별 계획·활동·성과 및 계량지표의 적정성을 종합적으로 평가 |

## * 재무 예산 평가 세부 지침

| 평가지표 | | 세부평가내용 |
|---|---|---|
| 재무예산 운영·성과 | 지표정의 | • 기관의 경영상황을 고려하여 재무(예산) 안정성, 투자 및 집행효율성 등을 평가한다. |
| | 적용대상(배점) | • 공기업 : 계량 2점 |
| | 세부평가내용 | ① 세부평가지표는 재무예산 성과를 측정할 수 있는 부채비율, 이자보상비율 등의 지표 중에서 각 기관의 경영상황을 고려하여 설정<br>② 세부평가지표의 예시<br><br>- 부 채 비 율 = $\dfrac{부채}{자본}$<br><br>- 이자보상비율 = $\dfrac{영업이익}{금융비용}$ |
| | 지표정의 | • 공공기관의 운영에 관한 법률 제39조의 2에 따른 중장기재무관리계획 이행실적을 평가한다. |
| | 적용대상(배점) | • 공기업·준정부기관 중 중장기재무관리계획 수립 대상 : 계량 1점 |
| | 세부평가내용 | ① 중장기재무관리계획에 포함된 목표부채 비율 등의 달성여부 등 |
| | 지표정의 | • 건전한 재무구조 및 합리적 예산운용을 위한 재무예산 관리 시스템 구축 및 운영 성과를 평가한다. |

| 재무예산 운영·성과 | 적용대상(배점) | ● 공기업·준정부기관 중 중장기재무관리계획 수립 대상 : 계량 1점 |
|---|---|---|
| | 세부평가내용 | ① 중장기재무관리계획에 포함된 목표부채 비율 등의 달성 여부 등 |
| | 지표정의 | ● 건전한 재무구조 및 합리적 예산운용을 위한 재무예산 관리 시스템 구축 및 운영 성과를 평가한다. |
| | 적용대상(배점) | ● 공기업 : 비계량 2점, 준정부기관 중 중장기재무관리계획 수립 대상 : 비계량 1점 |
| | 세부평가내용 | ① 중장기 재무관리 계획의 적정성과 이를 실행하기 위한 노력과 성과<br>　· 중장기 재무관리계획에 투자계획이 반영된 기관은 경제활력 제고, 혁신성장 등 중장기 투자계획의 적정성 및 이행노력 확인<br>② 재무구조의 안정성 및 건전성 유지를 위한 기관의 노력과 성과<br>　- 미래위험 예측 및 대응, 부채 및 유동성 관리, 효율적 자산운용, 재무구조개선 계획 운영의 적정성 및 이행노력<br>　- [구분회계 도입기관] 사업단위별 성과분석 등 구분회계 정착 및 활용을 위한 노력과 성과 |

위의 공기업에 대한 "재무예산 운영, 성과" 세부지침에 따르면, 재무구조의 안전성 및 건전성 유지를 위한 기관의 노력과 성과를 평가한다. "환리스크 관리"도 그 일부로서 **공기업 경영평가에** 중요한 부분을 차지한다.

경영평가 실무에서는 재무건전성을 위해 재무리스크 관리(시장, 유동성, 신용) 체제를 갖추어 운영하고, 재무안전성을 위해 적정유동성을 도출하고 중장기재무계획을 수립하여 시행하고 있다.

특히 기금을 운영하는 공기업에서는 유동성리스크 관리에 유용하게 쓰이는 적정유동성을 도출하고 중장기투자액을 결정하여 사용하고 있다

**(기금의 장기 투자액 결정방법)**

> (중장기 고수익 투자 가능액) = (총보유자금) – (적정 유동성)

**(참고사항) 적정 유동성 도출 방법론**

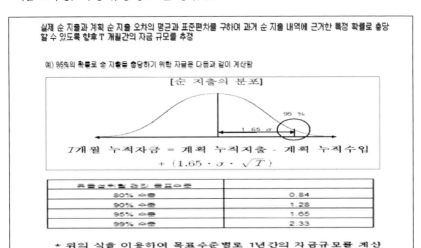

### 2.3.5 기업신용평가 반영

- 대상 : 총여신 10억원 이상인 외감법인 중 다음 한가지에 해당하는 기업

  ① 외화자산이 미화 1백만달러 상당액 초과

  ② 외화부채가 미화 1백만달러 상당액 초과

  ③ 총자산대비 외화자산이 10% 초과

  ④ 총자산대비 외화부채가 10% 초과

- 은행의 정책

  ① 외환리스크 관리 평가표를 작성

  ② 신용평가 비재무항목에 반영되어 있어 이를 통해 환리스크 관리 상
     태를 확인

위의 2.3.3과 2.3.4에서 살펴본 바와 같이, 환리스크 관리는 공기업 경영평가나 기업 신용평가 등을 잘 받기 위해서라도, 즉 현실적인 목적에서라도 무시할 수 없는 이유가 있다.

**(참고사항) 재무구조의 안정성과 건전성의 차이**

- 안정성: **기업 내부의 요인에** 따라 자금흐름에 위험요인이 없는 것을 안정성이라 한다. 1년 내의 단기 자금을 유동성 자금이라 하고, 1년 이상의 자금을 중장기 자금이라 한다. 유동성 자금은 적정유동성 도출을 통해 단기 자금의 안정성을 높이고, 1년 이상의 중장기 자금은 중장기자금계획을 통해 자금의 안전성을 높인다.
- 건전성: **기업 외부의 환경요인의 변화에 따라** 기업에 위기가 올 수 있는 가능성을 말한다. 전사적 리스크 관리를 포함한 환리스크 관리가 바로 기업의 건전성을 높이는 방법이다.

## 2.4 회계와 리스크 관리 융합(IFRS 리스크 공시 의무화)

- 신회계기준(IFRS) (기업회계기준서 제1107호, IFRS 7 금융상품 공시)
- 신회계기준은 비록 회계 기준이지만, 재무위험(환 위험, 이자율 위험,

신용위험)을 공시하도록 권고하고 있다. 물론 본격적인 리스크 관리 정보는 아니지만, 과거지향적 회계정보에 미래정보를 포함시키려는 것은 바람직하다 할 것이다.

### 2.4.1 신용위험

• 신용위험에 대한 최대 노출 정도를 가장 잘 나타낸 금액을 공시한 것(대여금 수취채권, 파생상품계약, 금융보증, 대출약정 등)
• 연체되거나 손상된 금융자산
• 담보물과 기타 신용 보강

### 2.4.2 유동성 위험

잔존만기를 나타내는 금융부채의 만기를 분석하여 공시한 것. 비록 본격적인 유동성 위험에 대한 정보로는 충분치 않아도 단기 도래 부채액 규모로 공시 회사의 유동성을 간접적으로 참고할 수 있다.

(예) (1) 1개월 이하

(2) 1개월 초과 ~ 3개월 이하

(3) 3개월 초과 ~ 1년 이하

(4) 1년 초과 ~ 5년 이하

만기 분석은 파생상품과 비 파생금융상품으로 구분하여 공시하며, 신회계기준에서는 유동성 위험을 관리하는 방법론을 공시하도록 권고한다.

### 2.4.3 시장 위험

시장가격의 변동때문에 금융상품의 공정가치나 미래 현금흐름이 변동할 위험으로 **환 위험, 이자율 위험, 기타 가격 위험**으로 구성하여 공시한다. 그 방법론은 금융변수 1단위 변화에 대한 부채, 자산의 가치변동을 나타내는 민감도 분석과 위험 변수 사이의 상호 의존도를 반영하는 민감도(VaR)분석을 선택하여 공시할 수 있다.

민감도 분석(VaR)은 시장 위험 유형별로 민감도를 분석하는 것으로서, 위험 변수 사이의 상호 의존도를 반영하는 민감도분석을 시행할 경우 위의 민감도 분석을 대체한다. (위험가치 평가기준, 보유기간, 신뢰수준, 역사적 관측기간, 관측치에 적용된 가중치, 변동성, 상관관계 등도 공시)

### 2.5 바스프사(BASF)의 리스크 관리 정책

자사 홈페이지를 통하여 리스크 정책, 조직, 프로세스, 유형별 리스크 요소(Factors)와 현황 및 대처 방안을 이해관계자와 적극적으로 커뮤니케이션 한다(홈페이지에 게재 등). 즉, 이와 같은 리스크 정보, 기업 미래정보를 적극 홍보함으로써 바스프에 대한 신뢰성을 높여, 기업 목표인 주가제고(기업 목표 달성)에 기여하는 것은 당연하다

BASF Online Report 2020

Shareholders Management's Report Corporate Governance Financial Statements Overviews

Home > Management's Report > Forecast > Opportunities and Risks Report

# Opportunities and Risks Report

The goal of BASF's risk management is to identify and evaluate opportunities and risks as early as possible and to take appropriate measures in order to seize opportunities and limit risks. The aim is to avoid risks that pose a threat to BASF's continued existence and to make improved managerial decisions to create value. We define opportunities as potential successes that exceed our defined goals. We understand risk to be any event that can negatively impact the achievement of our short-term operational or long-term strategic goals.

**Opportunities**

Potential successes that exceed our defined goals

**Risks**

Events that can negatively impact the achievement of our goals

In order to effectively measure and manage identified opportunities and risks, we quantify these where appropriate in terms of probability and economic impact in the event they occur. Where possible, we use statistical methods to aggregate opportunities and risks into risk factors. This way, we achieve an overall view of opportunities and risks at a portfolio level, allowing us to take effective measures for risk management.

<그림10> 바스프사의 2020년도 리스크 관리 보고서

# Overall assessment

- **Significant opportunities and risks arise from overall economic developments, margin and exchange rate volatility**
- **No threat to continued existence of BASF**

For 2021, we anticipate a considerable global economic recovery after the downturn in the previous year due to the coronavirus pandemic. General economic uncertainty will nevertheless remain high until widespread immunization of the population has been achieved. Specifically, production stoppages due to official orders or high infection rates can lead to disruptions in the supply chains of our customer industries, with our suppliers and in our own production plants. Moreover, restricted economic activity resulting from further lockdowns can have a significant negative impact on aggregate demand. An escalation of geopolitical conflicts as well as the ongoing trade conflicts between the United States and China and the associated slowdown of the economy also pose significant risks. These developments could have a negative impact on demand for intermediate and investment goods worldwide. Opportunities arise from continued strong demand, supported by earlier and better availability and broader acceptance of the coronavirus vaccine than is assumed in our forecasts. In addition to the uncertainties surrounding market growth and the development of key customer industries, material opportunities and risks for our earnings arise from margin volatility. From today's perspective, Brexit does not give rise to any material opportunities or risks for the BASF Group due to the trade agreement reached between the European Union and the United Kingdom.

According to our assessment, there continue to be no significant individual risks that pose a threat to the continued existence of the BASF Group. The same applies to the sum of individual risks, even in the case of a global economic crisis, such as the intensification of the coronavirus crisis.

Ultimately, however, residual risks (net risks) remain in all entrepreneurial activities that cannot be ruled out, even by comprehensive risk management.

As a non-integral shareholding, income from Wintershall Dea is reported in net income from shareholdings. The opportunities and risks resulting from the shareholding in Wintershall Dea are therefore not included in the outlook for the EBIT of the BASF Group. Opportunities and risks that have an impact on net income from shareholdings and cash flow from the shares in Wintershall Dea are monitored and tracked through BASF's involvement in the relevant governing bodies.

Potential short-term effects on EBIT of key opportunity and risk factors subsequent to measures taken[a]

| Possible variations related to: | Outlook – 2021 + |
| --- | --- |
| **Business environment and sector** | |
| Market growth | ☐☐▣▣▣ ▣▣▣☐☐ |
| Margins | ☐▣▣▣▣ ▣▣▣▣☐ |
| Competition | ☐☐☐▣▣ ▣☐☐☐☐ |
| Regulation/policy | ☐☐☐☐▣ ▣☐☐☐☐ |

| Company-specific opportunities and risks | |
|---|---|
| Procurement | ☐☐☐☐■ ■☐☐☐☐ |
| Supply chain | ☐☐☐☐■ ■☐☐☐☐ |
| Investments/production | ☐☐☐■■ ☐☐☐☐☐ |
| Personnel | ☐☐☐☐■ ■☐☐☐☐ |
| Acquisitions/divestitures/cooperations | ☐☐☐☐■ ■☐☐☐☐ |
| Information technology | ☐☐☐☐■ ☐☐☐☐☐ |
| Law | ☐☐☐■■ ☐☐☐☐☐ |
| **Financial** | |
| Exchange rate volatility | ☐☐■■■ ■■☐☐☐ |
| Other financial opportunities and risks | ☐☐☐☐■ ■☐☐☐☐ |

| | |
|---|---|
| ☐☐☐☐■ | < €100 million |
| ☐☐☐■■ | ≥ €100 million < €500 million |
| ☐☐■■■ | ≥ €500 million < €1,000 million |
| ☐■■■■ | ≥ €1,000 million < €1,500 million |
| ■■■■■ | ≥ €1,500 million ≤ €2,000 million |

a Using a 95% confidence interval per risk factor based on planned values, summation is not permissible

(출처: BASF 홈페이지 www.basf.com)

<그림 11> 바스프사의 리스크 평가

**(바스프사의 전사적 리스크 관리 중점 사항)**

• "identify and evaluate opportunities and risks as early as possible"

   - 기회 또는 리스크를 가능한 조기에 발견한다. 즉 리스크의 "조기인식 및 조치(Earliest Detection and taking measures)"가 리스크 관리의 목표다.

• "use statistical methods to aggregate opportunities and risks"

   - 리스크를 통합하기 위해 통계적 방법을 사용한다.

• "an overall view of opportunities and risks at a portfolio level"

- 리스크를 포트폴리오 관점에서 전체적으로 관리한다.

- "리스크 평가(Risk assessment)"

  - 환리스크를 각종 유형의 리스크 중 두 세번째로 크게 비중을 둔다.

- "No threat to continued existence of BASF"

  - 바스프의 지속가능 경영에 기여한다.

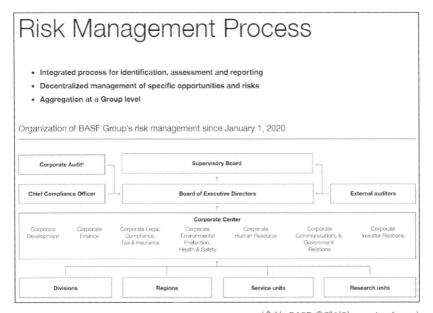

(출처: BASF 홈페이지 www.basf.com)

<그림12> 바스프사의 리스크 관리 프로세스

- 리스크 인식,평가, 보고의 통합과정

- 특정한 기회와 리스크에 있어서의 분권화된 관리

- 그룹 수준에서 통합

Home  >  Management's Report  >  Forecast  >  Opportunities and Risks Report  >  Financial Opportunities and Risks

# Financial Opportunities and Risks

Detailed guidelines and procedures exist for dealing with financial risks. Among other things, they provide for the segregation of trading and back office functions.

As a part of risk management, activities in countries with transfer restrictions are continuously monitored. This includes, for example, regular analysis of the macroeconomic and legal environment, shareholders' equity and the business models of the operating units. The chief aim is the management of counterparty, transfer and currency risks for the BASF Group.

## Exchange rate volatility

Our competitiveness on global markets is influenced by fluctuations in exchange rates. For BASF's sales, opportunities and risks arise in particular when the U.S. dollar exchange rate fluctuates. A full-year appreciation of the U.S. dollar against the euro by $0.01, which could result from a macroeconomic slowdown, would increase the BASF Group's EBIT by around €30 million, assuming other conditions remain the same. On the production side, we counter exchange rate risks by producing in the respective currency zones.

Financial currency risks result from the translation of receivables, liabilities and other monetary items in accordance with IAS 21 at the closing rate into the functional currency of the respective Group company. In addition, we incorporate planned purchase and sales transactions in foreign currencies in our financial foreign currency risk management. These risks are hedged using derivative instruments, if necessary.

## Interest rate risks

Interest rate risks result from potential changes in prevailing market interest rates. These can cause a change in the fair value of fixed-rate instruments and fluctuations in the interest payments for variable-rate financial instruments, which would positively or negatively affect earnings. To hedge these risks, interest rate swaps and combined interest rate and currency derivatives are used in individual cases.

In addition to market interest rates, BASF's financing costs are determined by the credit risk premiums to be paid. These are mainly influenced by our credit rating and the market conditions at the time of issue. In the short to medium term, BASF is largely protected from the possible effects on its interest result thanks to the balanced maturity profile of its financial indebtedness.

## Liquidity risks

Risks from fluctuating cash flows are recognized in a timely manner as part of our liquidity planning. We have access to extensive liquidity at any time thanks to our good ratings, our unrestricted access to the commercial paper market and committed bank credit lines. In the short to medium term, BASF is largely protected against potential refinancing risks by the balanced maturity profile of its financial indebtedness as well as through diversification in various financial markets.

(출처: 바스프사 홈페이지 www.basf.com)

<그림 12> 바스프사의 재무 리스크 정책

**(바스프사의 재무 리스크 관리 중점 사항)**

● **총괄**

① "segregation of trading and back office functions."

거래기능과 지원부서, 백오피스(Back office)의 기능을 분리하여 위험관리를 상호 견제하고 통제한다. 이러한 제도적 장치가 미비할 경우, 프런트 오피스(trading, front office)에서 일어나는 사고가 감춰져 수백 년 된 영국의 은행이 한사람의 트레이더(trader)때문에 사라진 경우도 있다.

② "The chief aim is the management of couterparty, tranfer and currency risks"

재무 리스크관리의 주 목적은 거래상대방(신용), 자금이전(유동성), 환리스크 관리에 있다. 즉 재무 리스크를 신용 리스크, 유동성 리스크, 환리스크로 나누어 관리한다

● **환리스크 및 이자율 리스크(Exchange rate volatility, Interest rate risks)**

▸ "Our competitiveness on global markets is influenced by fluctuations in exchange rate"

- 바스프사의 국제시장에서의 경쟁력은 환변동에 영향을 받는다.

▸ "On the production side, we counter exchange risks by producing in the respective currency zone"

- 생산부분에서는, 같은 통화권에서 생산을 함으로서(현지생산) 환리스크에 대처한다. 예를 들어 중국 위엔 화의 환리스크를 피하기 위

하여 중국 현지에서 생산을 할 수 있다. 이것이 전사적 리스크 관리 (ERM)의 장점이다. 환리스크를 현지생산과 연결시키는 방법이다.

▸ "planned purchase and sales transactions in foreign currencies
.....hedged using derivative instruments, if necessary."

– 외화의 매입 매출은 ......필요 시, 파생상품을 사용하여 헤지한다.


• 이자율 리스크(interest rate risks)

▸ "These can cause a change in the fair value of fixed-rate
instruments and fluctuations in the interest payment for
variable rate financial instruments"

– 주요 시장의 이자율 변화는 고정채 상품의 공정가치의 변동을 가져
오고, 변동금리 금융상품(예시: 변동금리채 발행에 의한 자금 조달,
변동금리채(FRN:Floating rate Note)에 대한 이자지급의 변화를
가져올 수 있다.

▸ "To hedge these interest rate risks, interest rate swaps and
combined interest rate and currency derivatives are used in
individual cases."

– 이자율 리스크를 헤지하기 위해서 이자율 스와프와 통화연계 파생상
품을 개별적으로 사용한다.

▸ "BASF is largely protected against potential refinancing risks
by the balanced maturity profile of its financial indebtedness
as well as through diversification in various financial
markets."

- 유동성 리스크를 회피하기 위해서 바스프사는 균형 잡힌 만기관리와 조달시장의 다원화를 통해, 잠재적 재조달의 위험을 회피한다.

우리나라 공기업 중 상당수가 국내를 기반으로 사업을 한다. 한전, 수자원공사, 도로공사, 토지주택공사 등. 그들이 원화기반의 사업을 하면서 왜 외채를 조달할까? 첫째는 바스프사처럼 조달시장의 다원화를 통해 국내 자금 시장이 경색됐을 때를 대비하기 위해서다. 둘째는 외채발행 후 원화 현금흐름으로 바꾼 것이, 즉 통화 스와프를 통해 외채를 원화채권 현금흐름으로 바꾼 총비용이 국내에서 채권을 발행하는 것보다 저렴할 때, 수익성 제고를 위하여 외채를 발행한다. 이는 통화 스와프 편에서 자세히 다루었다.

## 3. 환리스크 관리 개요

### 3.1 환리스크의 종류

환리스크는 (1) 환산 환리스크, (2) 거래 환리스크 (3) 영업 환리스크 등 크게 세 가지로 분류할 수 있다.

#### (1) 환산 환리스크
외국통화표시 자산이나 부채의 금액을 재무제표상에 표시함에 있어 환율 변동 때문에 원화로 환산한 금액이 변동하게 되는 것을 말한다. 환산손실은 외화자산이나 외화부채의 가치를 환율변동을 반영하여 징부상에 표시하기 위한 것이기 때문에 손실이 실제로 실현된 것은 아니다. 따라서 미래에 환율의 방향이 바뀔 경우 상쇄될 가능성도 있다. 이때 적용되는 환율은 외환 개요에서 자세히 설명한 "매매기준율"이다.

경상(무역)거래를 하는 회사의 입장에서는 이러한 환리스크가 회계적으로 달리 표기된다.

‣ 수출 계약 후 선적 전이나 수입계약 후 선하증권(B/L) 인수 전: 매출액 또는 매출원가의 증감

‣ 수출 계약 후 선적 후나 수입계약 후 선하증권(B/L) 인수 후: 외환차손익

실제 수출 시에는 선적 후에 짧은 시간 내에 은행에서 협상이 이루어 지므로, 외환차손익은 빙산의 일각이다. 따라서 환리스크를 분석할 때 외환차손익의 크기만을 고려하는 것은 올바른 방법이 아니다. 즉 관리회계를 통해 계약 후부터 선적 전까지의 전 과정에서 발생되는 즉, 환 변동이 가져오는 매출액 증감의 영향을 파악하는 것이 환리스크의 정확한 분석이 될 것이다.

1천만 달러의 외화표시 부채를 지고 있는 기업이 2000년 말에는 당시 원/달러환율인 1,100원으로 평가하여 대차대조표 상에 부채를 110억 원으로 표시하였으나, 2001년 말에는 원/달러환율이 1,300원으로 상승해 외화부채가 130억 원으로 계산됨에 따라 20억 원의 환산손실이 발생하게 된다.

<그림 13> 환산 리스크의 예

## (2) 거래 환리스크

외국 통화로 표시된 계약을 체결한 후 대금이 결제될 때까지 환율 변동 때문에 원화로 환산한 결제금액이 변동할 수 있는 불확실성을 말한다. 거래 환 리스크는 결제될 때 실제로 손실로 나타나게 된다.

외국의 바이어와 1백만 달러어치의 물품을 3개월 후에 선적하기로 계약한 경우, 계약 당시에는 원/달러환율이 1,300원이었기 때문에 생산원가 11억 원을 제하고 2억 원의 이익을 기대하였으나 선적한 당시에는 원/달러환율이 1,000원으로 하락함에 따라 생산원가를 제하고 1억 원의 손실을 입게 된다.

<그림 14> 거래 환리스크의 예

## (3) 영업 환리스크

예상하지 못한 환율변동 때문에 판매량, 판매가격, 원가 등 영업이 실질적인 영향을 받아 현금흐름 및 영업이익이 변동하게 될 가능성을 말한다. 환산 환리스크나 거래 환리스크와는 달리 영업 환리스크의 경우 사전에 노출 정도를 추정하기 어려운 특징이 있다.

생산원가가 1,000원인 물품을 1달러에 수출하는 기업의 경우, 원/달러환율이 1,100원일 때는 제품 1개를 수출할 때마다 100원의 추가이익을 볼 수 있으나 원/달러환율이 900원으로 하락할 경우에는 개당 100원의 추가손실을 보게 된다. 이때 손실을 피하기 위해 수출가격을 1달러 20센트로 올릴 경우 가격경쟁력이 약화돼, 수출물량이 감소하여 매출액과 이익이 감소하게 된다.

<그림 15> 영업 환리스크의 예

## 3.2 환리스크 관리 절차

### ① 손실 한도를 포함한 관련 규정 및 조직 구성

'리스크 관리'에서 설명한 바와 같이, 환리스크를 시작하기 위해서는 최고경영자부터 모든 직원이 환리스크 관리 중요성 등 이에 대한 철학을 공유해야 한다. 그리고 책임과 의무 권한 등의 배분(조직), 내부통제, 관리 프로세스 등 리스크 관리 정책(Policy)을 갖추고, 환차손의 최대한도, 즉 환손실 허용한도를 결정한다.

### ② 실시간 포지션 집계

각 외화 발생부서는 외화거래 발생 사실(수출 및 수입 계약, 용역 계약 등)을 자금부 등 포지션 담당부서에 최대한 빨리 보고하고 담당부서에서 총합하여 리스크 측정 및 대책 수립을 전사적으로 일사불란하게 시행해야 한다.

실무에서 리스크 관리의 가장 어려운 점은, 복잡한 통계 처리 등이 아니라 전사적으로 협조가 되지 않아 어떤 것은 누락되거나 보고가 늦어 의사결정의 오류가 발생하는 것이다.

### ③ 환리스크 측정

환리스크는 각 통화 별로 포지션을 집계한 것을 유입과 유출, 자산과 부채 모두를 상쇄하고 잔여 포지션에 대해 향후 일정기간 및 신뢰수준에서 발생할 수 있는 최대 손실액으로 측정한다.

$$(\text{Net Position})i = (외화자산i + 외화유입예상액i) - (외화부채i + 외환유출예상액i)$$

i : 각 통화별 집계를 의미함

이러한 리스크 측정치를 가치변동(VaR:Value at Risk) 또는 수입흐름변동(EaR:Earnings at Risk)이라 하는데, VaR는 환변동에 외화 자산부채의 손실(가치) 추정액을 의미하며, EaR은 현금흐름, 즉 예금이자, 차입이자 등 현금흐름이 환변동 때문에 발생할 손실을 추정한 것이다. 따라서 환리스크는 가치변동을 추정한 것이다. 각 통화별 가치변동과 수익변동은 모두 통합이 되는데, 우선 각 통화별 위험액을 원화로 환산한 뒤 다음의 공식에 따라 계산하면 된다.

통합(Portfolio)위험액= $\sqrt{(\Sigma_i, \Sigma_j\ 개별위험i \times 개별위험j \times 상관계수ij)}$

이에 대한 자세한 내용은 VaR(Value at Risk) 산출부터 순서대로 통합 위험 산출까지 마지막 장에서 자세히 다룰 것이므로 이해가 필요한 독자는 마지막 장을 먼저 참고하기 바란다.

<표 8> VaR와 EaR 비교표

| 구분 | VaR | EaR |
|---|---|---|
| 정의 | 주어진 포트폴리오의 시장가치로 정해진 신뢰수준에서 예상되는 최대손실을 추정한 금액 | VaR 또는 전통적 자산부채관리(ALM)의 시뮬레이션 확장기법으로, 순이익을 구성하는 수익/비용 변동에 따른 잠재적 손실 |
| 공통점 | 주어진 확률수준에서 예상되는 최대손실을 의미(통합가능) | |
| 적용 대상 | 주식, 채권, 외환 등 시가평가 대상상품에 적용되는 평가손실 | 예금, 대출, 채권(만기보유용) 등 시장가치 변화보다는 그 자체로부터 발생하는 현금흐름의 변화가 더 중요한 상품의 순이자수익 손실 |
| 위험 측정 | **회사의 위험은 시가평가 대상 상품에 대해서는 VaR로 현금흐름 상품에 대해서는 EaR로 측정하여 상호 통합(VaR+EaR)** | |

| 통합<br>장점 | 각기 다른 성격의 상품을 별도로 리스크 관리할 경우, 상호 분산효과를 고려하지 못해 리스크를 과대평가하고 이에 따라 불필요한 헤징 비용이 발생하는것을 방지함 |
|---|---|

### ④ 대책 수립 및 시행

측정된 통합 위험액(VaRp)을 규정으로 정한 환 손실허용 한도와 비교하여, 한도가 초과할 경우 위험 축소 전략을 수립하여 시행한다. 전략을 적절하게 수립하기 위해 필요한 파생상품(Derivatives)을 이용해도 되고 재무거래와 연결하여 처리해도 된다.

대책을 수립할 때 잊지 말아야 하는 것은 위험량을 통제하는 방법은 무수히 많으나, 그 중에서 회사의 이익을 극대화하는 것을 선택해야 한다는 점이다. 과거의 리스크 관리는 단순히 리스크 단일 변량을 환 손실 한도 내에서 관리하면 됐으나, 현재의 리스크 관리는 회사의 이익 측면도 감안하여 최선의 대책을 수립해야 한다는 것이다.

### ⑤ 환리스크 재 측정 및 제 규정 부합여부 판단

대책 수립 시행을 완료했으면, 여러 헤지 정책 등으로 변동된 포지션을 추가하여 환리스크를 재 측정하여, 환리스크 관리 목표를 달성했는지 확인하는 피드백 절차를 수행한다.

## 3.3 환 위험관리 실패 사례

### 3.3.1 국내 사례

• **국제통화기금(IMF)지원 이전의 국내 리스사:** 국외로 송금해야 할 외화 리스료를 과다하게 보유하고 있었음에도 외화를 확보하는(외환보유 또는 선물환매입 등) 헤지 거래를 하지 않고 있다가 환율 급상승 때문에 엄청난 손실을 입어 기업경영이 부실해지거나 도산했다. 당시 원화금리(12%대)는 외화금리 보다 두배 이상 높아 원화자금 운영에만 급급하여 외화의 헤지 거래를 도외시했다.

• **국제통화기금 지원 이전의 국내 종금사:** 선진국에서 자금을 차입하여 운영 수익률이 높은 개발도상국(태국, 중국, 러시아 등)에서 과도하게 운영하다 아시아 금융 위기 시 엄청난 손실을 입었다. 높은 수익률은 부실가능성을 감안한 리스크 프리미엄이라는 것을 소홀히 생각하고 눈 앞의 수익에만 급급하다 거대한 손실을 본 것이다.

• **국내 일부 대기업 사례(해운, 항공, 정유사 등):** 수익력에 비하여 과도한 환차손익이 발생했다. 매년 환차손익에 따라 적자전환, 흑자전환을 반복하여 기업의 안전성에 심각한 문제가 있는 것으로 평가되어 기업가치가 하락했다.

### 3.3.2 해외사례

• **프록터 앤 갬블 컴파니(Procter & Gamble Company, P&G):** 피엔지 (P&G)는 1994년 거래은행인 뱅커스 트러스트(Bankers Trust) 은행의 권유에 따라 금리 파생상품에 투자하였다가 약 1억6천만 달러의 손실을 보았다. 피엔지는 금리가 하락할 것으로 예상하고 금리 스와프 포지션을 취하였는데 1994년에 미국의 금리가 여러 차례 상승하면서 큰 손실을 보게 되었다. (주안점: 예상, 손실크기)

• **메탈게젤샤프트(Metallgesellschaft):** 독일의 메탈게젤샤프트사가 13억 달러를 손해 본 헤지에 관한 것이다. 현물거래의 위험을 헤지 하려고 취한 선물 포지션 때문에 기업이 거의 파산에 이르렀던 사건이었다. 현물거래 헤지는 문제가 없었지만, 선물 포지션에서 지속적으로 요구된 거액의 증거금 납입이 유동성 문제를 일으켰다.


## 4. 환리스크 관리 기제

환리스크 관리(여타 리스크 관리도 동일)의 가장 중요한 점은 회사의 현재 환리스크 현황을 파악하는 것이다. 개별적으로 또는 총체적으로 리스크량(금액)이 얼마이고, 원인이 어디에서 나오는가 등이다. 현황을 파악한 후에는 이를 평가해 보고(Risk Assessment), 전략을 수립, 시행하는 절차로 환리스크를 관리한다.

환리스크를 다루는 도구로서 파생상품의 활용은 그 다음이다.

앞의 바스프 경우처럼 리스크를 회사의 경영목표를 저해하는 모든 요소로 보고, 모든 리스크를 한 곳에서 하나의 포트폴리오로 관리할 경우, 상쇄 등 회사 내부의 포트폴리오 간에 자연적인 헤지가 일어나는 것을 대내적 관리기법이라 한다. 내부에서 충족되지 않는 리스크 통제는 외부 금융기관 등을 통해 파생상품 등을 이용하여 헤지하고, 이때 은행 등 기업 외부와의 파생상품 등을 통해 리스크를 관리하는 것을 대외적 관리기법이라고 한다. 그러나 부언하지만 파생상품은 리스크 량을 통제(줄이거나 늘리는)하는 하나의 도구에 불과하고, 리스크 관리의 핵심이 아니라는 점이다.

## 4.1 대내적 관리기법(Internal Management Tools)

### 4.1.1 의의

일상 영업활동과 관련하여 회사 내부에서 환 노출(Exposure)을 본원적, 사전적으로 예방하거나 감축하는 수단이다. 파생상품 등을 이용한 외부적 관리기법들은 거래비용이 상당하므로, 우선적으로 내부적 기법을 이용하고, 헤지되지 않는 잔여노출을 외부적 기법으로 헤지하는 것이 바람직하다.

### 4.1.2 종 류

## ① 매칭(Matching, Marrying)

외화자금의 유입(Inflow)과 유출(Outflow)을 통화 별, 만기 별로 일치시 킴으로써 외화자금의 자금흐름 불일치에서 발생하는 위험을 원천적으로 제거할 수 있다.

외화자산=외화부채, 수입결제=수출 협상

자연적 매칭(Natural Matching)은 동일 통화에 대한 유입과 유출을 일 치시키는 방법이고, 평형적 매칭(Parallel Matching)은 환율전망이 동일방 향으로 움직일 것으로 예측되는 이종통화 군의 자금흐름을 일치시키는 방 법이다.

예를 들어, 국내 달러 환율의 변동성이 엔의 변동성과 거의 일치할 경우 (상관계수가 1에 가까울 정도로 매우 높을 경우), 달러 자산이나 유입예정 인 달러를 엔으로서 연계해 매칭하는 방법이다.

이렇게 두 통화의 움직임(상승과 상승폭 또는 하락과 하락폭)이 거의 동 일할 경우 이 두 통화의 상태를 커플링(Coupling)상태라 하고, 이러한 관 계가 깨지는 것을 디커플링(Decoupling)이라 한다. 우리나라에서는 한때 달러와 엔화, 그리고 달러와 대만 달러가 상당한 기간 동안 커플링 상태를 유지한 적이 있다.

## ② 상계(Netting)

외화부채를 상대에 대한 외화자산으로 상계 차감한 후 잔액만을 결제하거나 리스크 관리 대상으로 편입하는 방법이다. 차감 후 잔액만 결제하면 되므로 외환매매 시 비용절감 효과가 있다. 일정기간마다 각각 지급, 인수할 금액을 산출하여 통보해 줄 중앙집중적인 자금관리기구(Netting Center)의 운용(쌍방상계, 다각적 상계)이 필요하다.

## ③ 리딩과 래깅(Leading & Lagging)

외화 변동에 대한 예측에 따라 자금수급의 시기를 인위적으로 조정하는 것을 말한다. 즉 향후 달러강세가 예상될 경우 수입대금 등 지급자금을 리딩(Leading)하거나, 수출대금 등 영수자금의 협상을 래깅(Lagging)하고, 그 반대의 경우도 동일하게 적용하는 방법이다.

▸ 리딩: 약세 예상통화의 조기 수취 및 강세 예상통화의 조기 지급
▸ 래깅: 약세 예상통화의 지급 연기 및 강세 예상통화의 영수 지연

단, 리딩과 래깅의 거래동기는 통화의 강세, 약세에 대한 예측을 기반으로 하기 때문에 예측이 빗나가는 경우에는 당연히 손실이 수반된다. 앞 장의 환율의 개념에서 설명했듯이 현재 환율은 이제까지 발생한 모든 정보가 반영된 균형 수급가격으로, 향후 일어날 환 변동을 영원히 맞추는 것은 사람이 할 수 있는 능력에서 벗어난다. 언제든지 예측이 빗나갈 수 있다. 따라서, 우연히 예측대로 환율이 움직여 준다면 추가 환차익을 얻겠지만 그 반

대의 경우 손실을 입을 수 있다. 경우에 따른 추가 환차익 및 추가 환 손실은 당기 순이익의 변동성을 크게 하고, 기업의 안전성을 해쳐 주가에 악영향을 미친다.

리스크 관리가 기업안전성을 높여 기업목표인 기업가치 제고, 즉 주가 상승을 달성하기 위한 것이라면 위의 내부 관리기제는 가급적 사용하지 않는 것이 바람직한 투기 방법이다.

### ④ 가격 정책(Pricing Policy)

기업의 판매관리와 구매관리에 이용되는 가격정책을 환 노출 및 환차손 최소화 관리기법으로 이용한다. 가격조정 정책(Price Variation Policy)은 수출입 상품가격을 환율변동에 맞추어 적시에 조정하는 것을 말한다. 가격표시 통화정책(Currency of Invoicing Policy)은 수출입표시 통화를 조정하는 것을 말한다. 즉, 수출 시에는 강세 예상 통화로, 수입 시에는 약세 예상 통화로 계약한다. 가격표시 통화정책도 역시 위의 리딩과 래깅의 환 예측을 기반으로 하기 때문에 헤지, 즉 리스크 관리 기제가 아닌 투기 기제로 봐야 한다.

### ⑤ 포트폴리오 전략(통화 구성의 다양화)

분산투자를 통하여 비체계적 환리스크를 완화하는 방법이다. 포트폴리오 전략의 가장 손쉬운 방법은 바스켓 통화를 거래통화로 계약하는 것이지만, 거래통화는 바스켓 통화가 아니므로 주요통화를 적절한 비율로 섞어 포지션을 유지함으로써 환율에 대한 포트폴리오 효과를 기대할 수 있다. (주식 투자 시 "달걀은 한 바구니에 담지 않는다"는 말과 같다.)

※ 포트폴리오 효과: 우리가 한 가지 종목에 투자하면, 그 종목이 극단적 손실을 가져올 수 있는데 반하여, 여러 종목으로 분산해서 투자하면 비록 한 종목은 극단적 손실을 보더라도 다른 종목도 동시에 극단적 손실을 입을 확률은 극히 적다. 따라서, 각각의 종목이 일정 신뢰수준에서 입은 개별 손실의 합과 분산투자의 포트폴리오 손실의 차를 포트폴리오 효과라 한다.

⑥ 환차손 준비금 전략

환차손 준비금 전략은, 회계과목에 없으나 정상적인 영업이 아닌 그야말로 운이 좋아 획득한 환차익을 영업성과에 반영하지 않고 환차손 발생에 대비하여 별도로 적립하여 실제 환차손이 발생하면 이 적립금을 환차손에 충당함으로써 기업 안정성을 높일 수 있는 정책이며, 관리회계적 (Managerial accounting) 개념이다. 환차손이 발생한 경우, 사후에 이를 일정기간에 걸쳐 이연분산 시킴으로써 특정기간에 이례적으로 발생한 환차손 때문에 왜곡될 수 있는 경영성과를 평준화할 수 있는 회계 기법이다.

### 4.2 대외적 관리기법(파생상품거래)

#### 4.2.1 의의

대외적 관리기법은 기업의 외부 즉, 은행과 같은 외부 거래자와 거래를 통해 위험을 "공유"함으로써 환 위험을 헤지할 수 있는 파생상품으로, 기능적으로 크게 분류해 보면 선물 또는 선물환(Future or Forward), 옵션(Option), 스와프(Swap) 세가지다. 이 세 종류의 파생상품을 변환하고 결합해 합성파생상품(Synthetic Derivatives)을 무수히 창출해 낼 수 있는데, 이것을 "금융공학(Financial Engineering)"이라 한다.

그러나 파생상품은 환리스크 관리 입장에서 보면 환리스크를 조정하는 하나의 도구에 불과하다. 대부분의 환리스크 세미나에 가면, 파생상품 강의가 주를 이루는데 이는 주객이 전도된 것이다. 즉, 병을 알아야 어떤 약을 얼마큼 쓸지를 판단하는 것과 같은 이치다.

환리스크 관리에서는 우리 회사의 위험 상황을 파악하는 것이 가장 중요하다. 환리스크 량이 적절하거나 과도한지 판단하여 내부적으로 전략을 수립하면 된다. 외부의 리스크 헤지가 필요하다면 은행 전문가와 얼마든지 상의하여 처리할 수 있을 것이다. 우리가 차를 사면 적절한 운전법을 숙달만 하면 되는 것이지, 차량 내부의 부속품의 기능을 일일이 이해할 필요가 없는 이치와 같다.

따라서 본 파생상품에 대한 설명은 깊이 이론적으로 다루지 않고, 실무에 필요한 그 의미와 기능, 헤지 기제를 선택할 경우의 장단점 등을 위주로 다룰 것이다. 이에 부족한 부분은 파생상품을 전문으로 다루는 이론서를 참고하기 바란다.

### 4.2.2 선물(future)과 선도(forward)

선물과 선도는 계약과 동시에 실물을 인수도 하는 현물에 대응되는 것이다. 오늘은 향후 거래를 위한 계약만 하고 실물은 미래의 계약된 시점(만기일)에 인수하는 것으로, 계약내용은 금액, 가격(환율), 실물인도일(만기일) 등이다.

선물과 선도는 거래 체결 방법, 장소가 다를 뿐, 외화를 사거나 파는 계약을 미리 체결한다는 기능적인 측면에서는 동일하다. 특히, 외화에 대한 선도거래를 선물환(Forward)이라고 한다.

<표 9> 선도(선물환)와 선물의 비교

| FORWARDS | FUTURES |
| --- | --- |
| 당사자간의 사적(OTC) 계약 | 거래소 거래 |
| 거래조건의 비 표준화 | 표준화된 계약조건 |
| 만기 시 일괄 결제 | 일일 정산(Mark to Market) |
| 만기일에 실무 인수도를 함 | 계약이 만기되기 전에 반대거래로 계약이 대부분 마감됨 |

선물환과 선물은 당일에 미리 특정금액을 특정환율로 특정일(만기일)에 실물인수도하는 계약으로, 외화 유입과 유출 거래에 환율을 미리 고정시키는 기능적인 면에서는 동일하다. 따라서, 회사에서는 과다한 외환거래가 발생할 경우 원가환율을 고정시키기 위하여 선물환이나 선물 중에서 수수료, 전략적 측면 등에서 유리한 것을 선택한다. 다만, 거래체결 장소, 거래 체결 과정 및 관리 방법이 다음과 같이 다를 뿐이다.

첫째, 선물환은 은행에서 거래된다. 은행 창구에서 고객이 원하는 금액,

만기일을 받아들이고 은행은 환율(선물환율)과 보증금을 제시한다. 합의가 되면 계약을 체결하게 된다. 이때 은행은 개별 고객의 신용도, 거래기여도를 감안하여 거래환율과 보증금율을 결정한다. 보증금은 선물환거래 체결 후 고객에 불리한 상황으로 환율이 전개됐을 때 지급불능사태를 방지하기 위하여 은행에서 고객에게 요구한 안전장치다. 은행 창구에서 개별적으로 거래가 체결된다는 의미에서 선물환은 장외거래(OTC, Over the Counter) 상품 중에 하나다.

둘째, (통화)선물은 증권거래와 같이 선물거래소에서 거래된다. 불특정 다수가 직접 참여하여 호가가 일치할 경우 거래를 체결해주는 거래소 상품(Exchange Market)이다. 따라서, 거래의 편의를 위해 선물환거래와 달리, 거래금액 및 만기일 등을 표준으로 정해 개별적인 거래자 요구사항은 받아들여지지 않는다. 거래액은 현재 1계약당 5만 달러가 표준으로 되어있으므로 5만 불 단위로 결정된다.

만기일도 3, 6, 9, 12월로 고정되어있고, 계약하는 그 달과 다음달을 포함하여 만기일은 해당월의 셋째 주 목요일로 정해져 있다. 만일 현재가 4월이면 연속된 5월을 포함하여 6, 9, 12, 익년 3월을 만기월로 하게 된다.


선물환의 보증금에 해당되는 증거금은 거래자의 신용상태와 관계없이 획일적으로 표준적인 증거금을 적용하며, 최초 증거금(개시증거금)이 일정액 이하일 때는 개시증거금까지 다시 추가 입금을 요구하고, 미 입금 시 강제 청산하여 지급불능상태를 미연에 방지한다.

또, 선물은 매일 평가하여 이익이 발생할 경우 증거금 계좌에 입금시키고, 그 반대의 경우도 마찬가지다. 이것을 일일정산(Mart to Market)이라고 한다.

결론적으로 예를 들면, 선물환은 양복의 "맞춤복"이고 통화선물은 "기성복" 성노가 될 섯이다. 세상에는 공짜가 없다. 선물환은 거래대상 고객에게 만기, 금액 등 편리성을 제공하기 때문에, 일반적으로 선물환의 수수료가 높고 통화선물의 수수료는 저렴하다. 따라서, 파생상품에 대한 지식이 충분하면 수수료가 저렴한 통화선물을 이용하고, 만기일 등은 다음에 설명할 외환 스와프(FX Swap)을 이용하면 될 것이다.

### 선물(환)환율의 이론가격(실무측면)

위의 환율 결정이론에서도 다뤘지만, 이번에는 실무적 용어로 풀어보자. 모든 상품의 가격은 수급의 균형점에서 결정되고, 선물(환)가격 역시 시장에서 수급에 따라 결정된다. 그러나 시장가격이 이론가격에서 벗어나면, 재정거래에 의한 조정에 따라 다시 이론가격에 근접하게 된다.

선물(환)은 계약만 당일에 체결하고 실무 인수도는 미래 만기일에 일어나므로, 현물환을 거래해서 외화예금에 예치하는 것과 비교해 볼 수 있다. 두 통화의 교환에서 이자율이 낮은 통화는 현물환을 거래해서 낮은 금리로 예치해 낮은 금리 수익을 얻기보다, 선물(환)을 거래하면 높은 금리통화의 희생 없이 미래 만기일에 취득할 수 있다. 거래자를 "경제인"으로 본다면 모두 낮은 금리 통화의 선물(환)을 거래하기 원할 것이다.

따라서, 낮은 금리통화의 선물(환)은 일방적 수요에 의해 가격(통화가치)이 올라간다. 그러면 언제까지 올라갈까? 현물환 가격에 두 통화의 금리 차만큼 환산한 환율에 도달해 재정거래 기회가 없을 때까지 상승한다. 즉, 현물환 가격에 만기까지 선물(환)거래의 통화 금리차를 반영한 환율을 가감할 때, 가격 균형을 이루고 거래가 정상적으로 체결된다. 금리가 낮은 통화의 환율은 강세가 되고, 금리가 높은 금리의 통화의 가치는 약세가 되는 것이다.

예를 들어 우리가 '6개월 KRW/USD 선물환' 거래를 하려고 할 때, USD 금리는 1%이고 KRW금리는 2%라 가정하고 선물환 가격을 구해보자.

현재 환율을 1USD=1,000원이라고 하자. 먼저 이자율 차이는 2%-1%=1% 고, 6개월이므로 금리차가 0.5%(1% × 6/12)이며, 이를 환율로 환산하면 1,000원 × 0.5% =5원이다. 따라서 금리가 낮은 USD 선물(환)율은 현물환율에 5원을 더하여 1,005원이 6개월 KRW/USD 선물환율이다. 낮은 금리의 달러가 선물(환)에서 달러당 5원 강세가 된 것이다. 이때 두 통화의 금리차를 환율로 환산한 5원을 스와프 스프레드(Swap Spread)라 한다. 스와프 스프레드에 대해서는 다음 스와프 편에서 반복 설명할 것이다.

- 선물환 가격의 간편 공식

  $Ft = So + So(R보 - R기) \times n/12$

  $Ft$ : 선물환가격

  $So$ : 현물환 가격

  $R보$ : 보조통화의 금리(년)

  $R기$ : 기준통화의 금리(년)

  $n$ : 기간(월)

- 선물환 가격의 상세 공식(월 복리 산출)

$$Ft = So \times \langle (1 + R보/n) / (1 + R기/n) \rangle^n$$

I편 환율의 개요에서 자세히 설명한 바와 같이 가치등락, 매입 및 매도 모두 기준 통화를 중심으로 한다. 외환은 모두 두 통화의 교환이기 때문에 이 기준을 확실히 하지 않으면 종종 반대의 결론에 이르곤 한다. 아래의 선물 (환) 매입거래 차트에서 X축은 환율의 고저를 의미하고 Y축은 초과 환손익을 의미한다.

• 매입거래

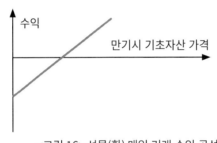

<그림 16> 선물(환) 매입 거래 수익 곡선

굵은 우상향 직선은 기준통화 매입 선물(환)거래의 수익 차트를 보여준다. 이 선과 만나는 X축의 한점은 바로 위에서 설명한 선물환율이다. 만기 시 계약된 선물환율보다 환율이 상승한다면, 계약을 저렴하게 했으므로 선물환거래에 따라 환차익이 발생하고, 하락한다면 환손실이 발생할 것이다.

이 선물(환)거래를 통해, 우리는 헤지 거래 또는 투기 거래 모두 가능하다. 환율이 상승할 것으로 예측하여 선물(환) 매입거래를 단독으로 체결했다면, 환율의 등락에 따라 환차손익을 보는 투기거래가 될 것이다. 그러나 미래에 수입 결제할 통화를 선물(환)을 통해 미리 사 놓아, 현재의 환율로 수입 결제 환율을 고정시키는 목적의 거래는 헤지 거래다. 여기에서 주의할 점은 헤지 거래시 파생상품 거래는 단독적으로 평가해서는 안 되고, 헤지 대상거래와 통합하여 평가하는 것이다. 실무에서 이러한 헤지 거래를 단독으로 평가하여 성실히 헤지 거래를 수행한 직원에게 불이익이 가는 경우가 종종 있기 때문이다.

다음은 선물(환) 매입거래를 통한 헤지 사례를 살펴본다

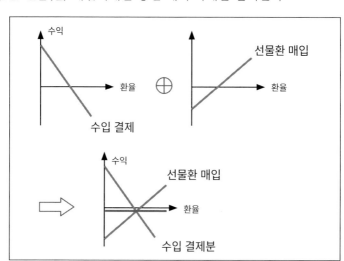

<그림 17> 선물환 매입을 통한 헤지 거래 곡선

위 차트에서 본 바와 같이 앞으로 있을 수입결제시, 환율 상승에 의한 초과 환차손을 피하기 위해 선물(환)을 매입하였다. 두 차트를 합성한 결과 환율이 하락하여 선물환 매입 분의 손실은 수입 실 거래의 환차익으로 대체되고 환율이 상승하면 그 반대의 대체가 일어나, 미래에 어떤 상황이 오더라도 수입결제 원가는 고정되고 추가적인 환차손익의 발생은 없다. 즉, 거래 당시에 생각했던 정당한 마진만 보호되는 것이다.

금융업이 아닌 기업들은 거래마다 정당한 마진을 보호하고 영업력으로 매출을 확대해 성장하는 것이 비즈니스의 정석일 것이다. 이런 기업은 안정된 당기 순이익을 유지하여 주가상승을 가져오며, 이것이 기업의 목표인 것이다. 바로 이러한 거래, 즉 기업의 정상적 성장 및 당기 순이익의 변동성 감소를 가져오는 것이 헤지 거래다.

• 매도 거래

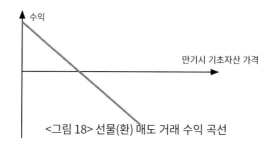

<그림 18> 선물(환) 매도 거래 수익 곡선

앞의 매입거래와 같은 내용으로, 환율이 하락할 것을 예측한 선물(환) 단독거래, 즉 투기거래도 가능하고, 미래에 들어올 수출대전의 원가를 고정시키기 위한 헤지 거래 모두 동일하다.

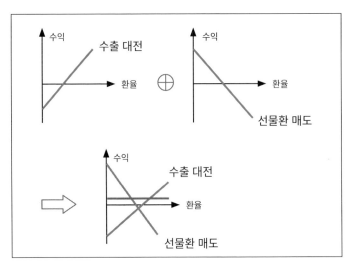

<그림 19> 선물(환) 매도를 통한 거래 수익 곡선

• 옵션

옵션(Option)은 선택권이라 하고, 위의 선물(환)과 연결시켜 보면, 만기에 선물환 차트에서 수익이 (-)되면 옵션행사를 포기하고, 이익이 발생할 때만 거래 상대방에게 거래 이행을 요구할 수 있는 권리(일방적 선택권)를 말한다. 이런 권리(선택권)의 매매를 옵션거래라 하는데, 만일 옵션 가격이 0원이라면 누구나 다 옵션 매입거래를 원할 것이다. 세상에 공짜는 없다. 이러한 권한을 일방적으로 누리려면 거래를 받아준 상대에게 대가를 지불해야 하는데, 이 대가를 옵션가격(Option Price) 또는 옵션 프리미엄(Option Premium)이라 한다. 옵션가격을 지불하고 이러한 권리를 매입하는 사람을 옵션 매수자(Option Buyer), 권리를 팔고 일방적으로 상대방에대한 의무만 지는 사람을 옵션 매도자(Option Seller)라 한다.

특정 자산(underlying asset)을 미래 특정 시점(expiration date)에 현재 정해진 가격(exercise price)으로 사거나 팔 수 있는 권리로서 기준통화를 매입하는 옵션을 콜 옵션(Call Option), 매도하는 옵션을 풋 옵션(Put Option)이라 한다. 각각의 옵션에는 권리·선택권을 사는 자와 파는 자가 있어 옵션에는 아래의 4가지 형태가 있다.

- 콜 옵션 매도 매입(sell & buy)
- 풋 옵션 매도 매입(sell & buy)

### 1) 콜 옵션 매수(Long Call)

콜 옵션 매수란, 기준통화를 계약환율에 살 수 있는 권리(일방적 권리, 선택권)를 매수하는 것을 말한다. 선물(환) 매입과 연결시키면 이해하기 쉽다. 위에서 설명했듯이 콜은 기준통화 매입을 의미하고, 풋은 기준 통화 매도를 의미한다.

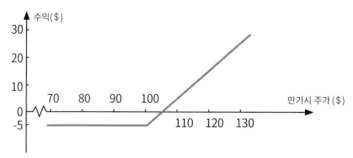

옵션가격 = $5, 행사가격= $100, 옵션만기 = 2개월

<그림 20> 콜 옵션 매입 수익 차트

## 2) 풋 옵션 매수(Long Put)

풋 옵션 매수는 기준통화를 계약환율에 팔 수 있는 권리(일방적 권리, 선택권)를 매수하는 것이다. 선물(환)의 매도와 연결시켜 이해하기 바란다.

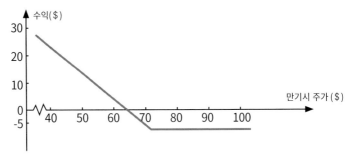

옵션가격 = $5, 행사가격= $100, 옵션만기 = 2 개월

<그림 21> 풋 옵션 매입 수익 차트

## 3) 콜 옵션 매도(Short Call)

기준 통화를 살 수 있는 일방적 권리를 받아들이고(매도하고) 수수료(Option Premium)를 받는 옵션 거래를 말한다.

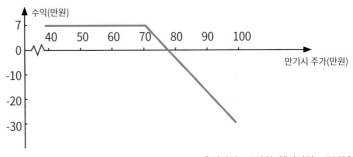

옵션가격 = 7만원, 행사가격 = 70만원

<그림 22> 콜 옵션 매도 수익 차트

## 4) 풋 옵션 매도(Short Put)

기준 통화를 팔 수 있는 일방적 권리를 받아들이고(매도하고) 수수료를 받는 옵션 거래다.

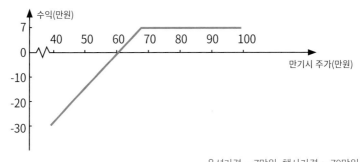

옵션가격 = 7만원, 행사가격 = 70만원
<그림 23> Put Option 매도 수익 차트

## ※ 옵션거래의 특징 및 주의점

옵션거래로 헤지 거래와 투기 거래 모두가 가능하다. 먼저 투기거래를 설명하면, 환율이 상승할 것으로 예측하여 콜 옵션을 매수하고 매수의 대가로 옵션 프리미엄을 지불했다. 향후 예측한대로 환율이 상승하면, 지불한 옵션 프리미엄을 초과했을 때부터 환차익을 누릴 것이다. 그러나 환율이 계약환율보다 하락하면 콜 옵션매수자는 옵션 행사를 포기하게 되고, 지불한 매입수수료, 즉 옵션 프리미엄만큼 손실을 볼 것이다.

콜 옵션 매도자는 수수료를 받는 대신에 거래에 대한 권한은 없고 매수자의 일방적 요구를 모두 받아들여야 한다. 환율이 오를 때는 오른 만큼 무한한 손실을 감수해야 하나, 환율이 하락할 경우 콜 옵션 매수자는 당연히 옵션을 행사하지 않기 때문에 그 상황이 오면 이미 옵션 체결 시 발생한 옵션

가격(옵션 프리미엄)만큼 이익을 얻는다. 따라서, 콜 옵션 매수자의 최대손실은 옵션 매수 가격 (수수료)이고 최대이익은 환율이 상승할수록 한도 없이 커질 것이다(Unlimited Profit vs Limited Loss).

또한, 콜 옵션 매도자의 최대이익은 옵션 매수 가격(수수료)이고 최대손실은 환율이 상승할수록 한도 없이 커질 것이다(Limited Profit vs unlimited Loss).

이러한 옵션의 손익 구조 때문에, 특히 매도거래는 거래 당시에 수수료(옵션 프리미엄) 수익이 생기므로 당장은 좋게 보이지만, 시간이 지남에 따라 가격이 불리하게 변하면 위에서 설명한 바와 같이 무한 손실을 볼 가능성이 있다. 이러한 위험성 때문에 현재 공기업에 대해서는 옵션매도거래는 금지되어 있다. 그 유명한 "키코"거래가 변형, 강화된 옵션 매도 거래로 그 위험성은 설명할 수 없을 정도다

다음으로 옵션을 이용한 헤지 거래를 살펴보자. 한달 후 수입결제 분의 환율을 고정하고, 또한 환율이 하락 시에는 추가 환차익을 보기 위해 한 달짜리 콜 옵션을 매입했다. 이 경우 두 거래를 합성해 보면 환율 상승 시에는 옵션수수료를 포기하여 손실을 보게 되고, 환율 하락 시에는 하락율 만큼 이익이 무한히 커진다. 즉 풋 옵션 단독거래와 같은 결과가 나온다.

(수입결제, Short Position) + (콜 옵션 매입) = (풋 옵션매입)

즉, 옵션으로 수입 결제분을 헤지한다면 이는 단독 옵션 투기거래와 같게 되어 헤지의 의미가 없어진다

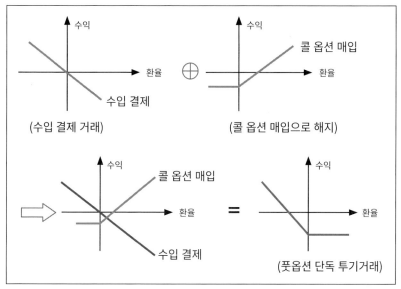

<그림 24> 콜 옵션에 의한 수입 거래 헤지 곡선

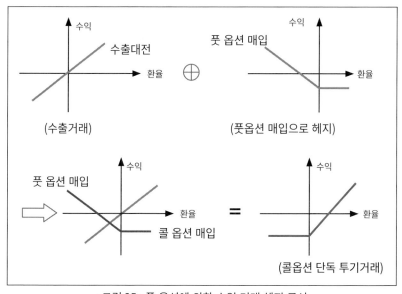

<그림 25> 풋 옵션에 의한 수입 거래 헤지 곡선

옵션의 두번째 특징은 옵션 가치가 이 환율변동과 반드시 비례적으로 같지 않다(선물(환)은 거의 일치한다)는 것이다. 옵션의 가치는 환율에 의해 결정되는 내재가치와 만기까지의 시간가치로 구성되어 있다. 환율이 1원 오른다 해서 콜 옵션 가치가 1원만큼 오르지 않고 예를 들어, 0.5원만큼 오른다 하자. 이 경우 100만 달러의 수입결제분을 커버하기 위해서는 반값의 옵션 가치 때문에 200만 달러의 옵션 거래를 해야 한다. 이것을 옵션의 델타 값이라 한다. 문제는 이 델타 값이 매일 변한다는 것이고, 만기에 가까울수록 1에 가까워져 결국 시간이 지남에 따라 옵션 거래 포지션을 수입결제액까지 점차 줄여야 한다. 이를 델타 헤지라 하는데, 전문가로 구성된 은행과 같은 기관 외에는 관리하기가 여간 어려운 것이 아니다.

리스크 관리 면에서 보면, 기업은 수익성과 안정성을 높여 기업가치와 주가를 올리는 것을 기업의 목표로 한다. 옵션은 이익 가능성과 옵션수수료의 손실 가능성을 모두 포함하여 때로는 초과이익과 수수료 손실을 가져와 당기순이익의 변동폭을 확대시키고, 결국 기업 안정성을 해쳐 기업목표 달성과 반대 방향으로 가는 파생상품이다. 따라서 기업 실무에서는 옵션에 의한 투기 거래나 헤지 거래는 그 관리의 어려움과 기업 목표(기업 건전성 제고) 달성 측면에서 보더라도 결코 권장할 만한 파생상품이라 할 수 없다.

### 4.2.3 스와프(Swap)

정해진 계약에 따라, 미래의 기간 동안에 현금흐름을 교환하기로 하는 약정으로 대표적인 장외거래상품(OTC), 즉 은행상품이다.

## 1) 외환 스와프(fx swap)

거래자간에 서로 필요로 하는 통화를 대가로 기간을 정하여 외화를 매매하고, 만기에 계약 당시에 약정한 환율로 당초 거래와 반대로 매매하는 거래다.

그렇다면 외환 스와프의 동기는 무엇일까? 은행의 대고객 자금 시장에는 단기외환시장이 없다. 따라서 단기에 외화를 교환조건으로 하는 자금이 필요할 경우에 외환 스와프를 사용한다.

(예시)

현재 외화예금100만 달러를 보유하고 있다. 이 자금은 일주일 후 수입결제를 위해서 보유한 것으로 환리스크를 헤지하기 위한 것이다. 그러나 갑자기 긴급 원화자금이 필요하다.

이 경우 외환 스와프를 통해 외화 100만 달러를 은행에 맡기고 만기 일주일의 스와프를 체결하면, 일정 환율(실시간 근사환율)로 계산하여 은행은 회사에 원화를 지급한다. 회사는 이 원화로 긴급자금을 해결하고 일주일 후에 유사 환율로 원화를 지급하고, 외화 100만 달러를 예정된 수입결제에 사용한다.

이러한 스와프를 통해 회사는 원화 문제를 해결하고 환리스크에서 벗어나며, 수수료도 절감할 수 있다. 보통 긴급할 경우, 외화를 팔고, 일주일 후에 다시 외화를 매입해서 수입결제를 하면 된다.

(기타 예)

- 환리스크가 헤지되도록 외환 유입과 유출을 매치 시켰는데 수입결제가 먼저 도래한 경우

- 수출입 대전을 헤지하기 위해 선물환으로 외화 매도 계약을 했는데, 선물환

만기 전이나 후에 수출대전이 입금되어, 선물환 만기를 단축, 연장할 경우.

## 2) 금리 스와프 (IRS: interest rate swap)

거래 당사자가 성격이 다른 이자지급을 일정기간 교환하기로 약정하는 거래(고정금리와 변동금리 교환)이다. 교환이자에 대해서는 명목원금에 대한 차액만 정산하고, 금리 스와프는 동일 통화 간에만 발생한다.

(예) 산업은행은 고정금리채인 산금채를 발행했는데, 이것을 변동금리인 주택 담보대출에 사용하기 위하여 조달된 자금의 고정금리를 변동금리로 그 성격을 바꾸고자 타 은행과 금리 스와프를 체결하였다.

### (변동금리 채권을 금리 스와프를 이용하여 고정금리로 변환한 사례)

K공사에서 5년짜리 변동금리채를 (CD+0.2%)로 1조 발행했다. 그러나 변동금리에 따른 금리 리스크가 회사 목표를 초과해, 금리 리스크를 줄이기 위하여 고정금리채로 바꾸기 위하여 P은행과 금리 스와프를 수행했다. 스와프 내용은, K공사가 1조에 대한 (CD+0.2%)를 받고 고정금리 1.2%를 3개월에 한 번씩 교환하기로 계약을 체결하는 것이다

## <표10> 변동금리채 고정금리 변환 금리 스와프

| K공사 1조 변동금리채 현금흐름 | | K공사와 P은행 IRS 현금 흐름 | | | |
|---|---|---|---|---|---|
| 1. (CD+0.2%) − | | (CD+0.2%) + 1.2% − | | | |
| 2. (CD+0.2%) − | | (CD+0.2%) + 1.2% − | | | |
| 3. (CD+0.2%) − | + | (CD+0.2%) + 1.2% − | | = | 원화고정 금리채 |
| 4. (CD+0.2%) − | | (CD+0.2%) + 1.2% − | | | |
| : | | : | | | |
| : | | : | | | |
| : | | : | | | |
| M. (CD+0.2%) − | | (CD+0.2%) + 1.2% − | | | |
| (1조 원금) − | | | | | |

여기에서 "M"은 만기(Maturity)를 의미하고, (−)는 이자지급 (+)는 이자수입을 의미한다. 이제 두 거래를 합성해 보자.

K공사는 IRS에서 P은행으로부터 지급받은 (CD+0.2%)를 변동금리채의 이자지급에 충당하고, 궁극적으로 P은행에 고정금리 1.2%를 지급하면 된다. 현금흐름에서 보면 변동금리는 채권의 지급금리와 IRS 수입금리가 상쇄되어 궁극적으로 (CD+0.2%)의 변동금리채가 1.2% 고정금리채로 성격이 바뀌게 된다.

반대의 경우 고정금리채 현금흐름을 변동금리의 현금흐름으로 바꾸는 것도 마찬가지 경우이다. 이와 같이 금리 스와프는 동일통화에서 현금흐름의 이자율 성격(고정에서 변동으로, 또는 변동에서 고정으로)을 바꾸는데 편리한 기제다.

**(고정금리 채권을 IRS를 이용하여 변동금리로 변환한 사례)**

그 밖에 조건은 위와 동일하다.


<표11> 고정금리채 변동금리 변환 금리 스와프

| K공사 1조 변동금리채 현금흐름 | | | K공사와 P은행 IRS 현금 흐름 | | | | |
|---|---|---|---|---|---|---|---|
| 1. | 1.2% | - | 1.2% | + | (CD+0.2%) | - | |
| 2. | 1.2% | - | 1.2% | + | (CD+0.2%) | - | |
| 3. | 1.2% | - | 1.2% | + | (CD+0.2%) | - | = 원화변동 금리채 |
| 4. | 1.2% | + | 1.2% | + | (CD+0.2%) | - | |
| . | . | | . | | | | |
| . | . | | . | | | | |
| . | . | | . | | | | |
| M. | 1.2% | - | 1.2% | + | (CD+0.2%) | - | |
| | (1조 원금) | - | | | | | |


## 3) 통화 스와프(CRS: Currency Swap)


거래자간에 서로 필요한 통화를 대가로 기간을 정하여 외화자산(원금과 이자)을 매매하고 만기에 계약 당시에 약정한 환율로 당초 거래와 반대로 매매하는 거래다. (예: 한전, 도로공사 등은 국내를 기반으로 하는 회사지만 외채발행 후 통화 스와프를 체결하여 현금 흐름을 외화에서 원화로 변환하여 사용한다.)

목적은 첫째, 해외 외채발행 및 스와프 수행 등 자금조달비용이 국내 자금조달보다 저렴하거나, 둘째 우리나라 자금시장이 경색될 때 해외 조달원을 다원화해 유동성 및 장기 자금 조달 리스크를 줄이는 것이다. (바스프의 'Liquidity Risk Management' 참조.)

**(외화 고정금리 채권을 CRS를 이용하여 원화고정금리 변환한 사례)**

D공사는 국내에서 주요 사업을 하는 회사이나, 채권을 국내보다는 해외에서 발행해 현금 흐름을 원화로 만들면 총비용이 절감된다는 기회를 포착하였다.

따라서 미국에서 1억 달러를 고정금리(1.2%)로 발행한 뒤 통화 스와프를 통해 원화 1,100억원 원금과 원화이자율 1.5%의 현금으로 바꾸어 조달하기로 했다. 이자는 3개월에 한 번씩 지불하고, 5년 만기 상환 채권을 발행하였다. 동시에 통화 스와프는 C은행과 체결하였다.

<표12> 외화 고정금리채 원화고정금리 변환사례

| D공사 1억$ 고정금리채 현금흐름 | | D공사와 C은행 CRS 현금 흐름 | | | 원화 고정채 현금 흐름 |
|---|---|---|---|---|---|
| 1. 1.2%(USD) | − | 1.2%(USD) + | 1.5%(KRW) | − | |
| 2. 1.2%(USD) | − | 1.2%(USD) + | 1.5%(KRW) | − | |
| 3. 1.2%(USD) | − | 1.2%(USD) + | 1.5%(KRW) | − | |
| 4. 1.2%(USD) | − + | 1.2%(USD) + | 1.5%(KRW) | − = | |
| ⋮ | | ⋮ | | | |
| M. 1.2%(USD) | − | 1.2%(USD) + | 1.5%(KRW) | − | |
| (1억$ 원금) | − | (1억$ 원금) + | 1,100억원 | − | |

여기에서 (1.2%(USD) -)는 원래 발행한 고정금리 외채의 달러지급을 의미한다. (1.2%(USD) +1.5%(KRW) -)는, D공사와 C은행간에 통화 스와프를 체결하여 D공사가 달러에 의해 산출된 1억달러에 대한 1.2%이자를 수취하고, 원화 1,100원에 기반한 1.5%를 지급함을 의미한다.

외화 고정금리채 발행에 의한 현금흐름과 CRS에 의한 현금흐름을 합성해 보면 모두 상쇄되고, D공사는 결국 원화 1,100억원 원금에 대한 이자 1,100억원의 1.5%를 지급하는 현금흐름만 남게 된다. 따라서, 고정금리채 1억달러, 이자 1.2% 달러 발행이 통화 스와프를 통해 1,100억원 이자, 1.5% 원화의 성격으로 바뀌게 된다. 이러한 통화 스와프는 다양하게 이용된다.

외화고정금리/변동금리채를 원화 고정 또는 변동금리채로, 또는 원화고정 변동/고정 금리채를 외화 고정, 변동금리채로 등, 어떤 것으로도 그 현금흐름을 변경해 채권의 성격을 바꿀 수 있는 것이다.

사례에서 보여주듯이 이자율 스와프는 원금 교환 없이 원금을 기초자산으로 한 이자율 산출 기준인데 반하여, 통화 스와프는 달러를 원화로 만기일에 교환하고, 달러 이자는 달러 원금을 기초로 계산하며, 원화이자는 만기 교환대상 원화원금을 기초로 계산된다.


**(원화 고정금리 채권을 CRS를 이용하여 외화변동금리 변환한 사례)**

그 밖에 조건은 동일하다. 3ML는 3개월물 리보(Libor)금리를 뜻한다.

## <표13> 원화 고정금리채 외화변동금리 변환사례

| D공사 1100억원 고정 고정금리채 발행 현금흐름 | | D공사와 C은행 CRS현금흐름 | | |
|---|---|---|---|---|
| 1. 1.5%(KRW) - | | 1.5%(KRW) + | (3ML+0.2) (USD) | - |
| 2. 1.5%(KRW) - | | 1.5%(KRW) + | (3ML+0.2) (USD) | - |
| 3. 1.5%(KRW) - | + | 1.5%(KRW) + | (3ML+0.2) (USD) | - |
| 4. 1.5%(KRW) - | | 1.5%(KRW) + | (3ML+0.2) (USD) | - |
| : | | : | : | |
| M. 1.5%(KRW) - | | 1.5%(KRW) + | (3ML+0.2) (USD) | - |
| (1,100억원 원금) - | | (1,100억원 원금) + | (USD 1억 원금) | - |

USD
= 변동
금리채

# 3 환리스크 관리 전략

# 1. 개요

<표14> 환 리스크 관리방식

| 전통적 관리 방식 | 새로운 관리 방식(전략) |
|---|---|
| • 구매, 수출, 재무 등 기능 및 부서 단위로 위험 관리<br>• 위험의 단일 변량에 대한 규모의 적절성 관리 | • 환 위험을 전사적으로 하나의 포트폴리오로 관리<br>• 위험과 보상(Risk-Reward)을 연계하여 관리 |

## 1.1. 전사적 환리스크 관리 필요성

요즘의 리스크 관리를 전사적 리스크 관리(ERM: Enterprise Risk Management)라고 한다. 기업의 장단기 목표를 저해하는 모든 요소를 평가하고, 중요한 리스크 요소를 한 부서에서 모두 모아 하나의 포트폴리오로 보고 관리하는 것이다. 그러나 우리나라 기업 중에서 실질적인 전사적 리스크 관리를 수행할 수 있는 내부 역량을 갖춘 기업은 찾기 힘들다. 따라서 단일 리스크인 환리스크 관리부터라도 전사적으로 수행하여 환리스크, 재무리스크, 비재무리스크 등 한 단계씩 내부역량을 축적하여 명실상부한 전사적 리스크 관리 체제가 정착되고 발전하기 바란다.

전사적 환리스크란 수출부서 및 구매부서의 경상거래와 재무 거래 포지션을 환리스크 관리 부서 한 곳으로 집중하여 관리함을 뜻한다. 회사에 따라 재무부서 또는 기획부서 등에 조직을 구성하여 실행한다.

외환거래가 발생하는 부서에서는 사내이전가격(Internal Transfer Price: 내부 선물환율 등) 등을 적용하여 외화로 표시된 거래실적은 실시간으로 원화로 환산하여 실적을 고정시킴으로써, 각각의 부서는 환리스크에서 벗어나 고유의 업무에 집중할 수 있고, 모든 환리스크는 환리스크 관리부서로 실시간 집중되어 관리된다.

전사적 환리스크 관리부서는 환리스크에 대한 최종 책임을 지고 환리스크를 통제한다. 환리스크를 관리할 때 실무상 가장 어려운 점은, 어려운 통계방식 적용이나 깊은 파생상품 지식이 문제가 아니라 실시간 환포지션 집계가 쉽지 않다는 점이다. 집계 누락이나 지연 집중 등은 회사의 환리스크 관리의 실패로 직결된다.

전사적으로 외화 유입과 유출의 차액인 순포지션(net position)을 중심으로 환리스크를 관리한다.(전사위험관리의 자연헤지) 환리스크 관리는 규정에 따라, 전사적으로 데이터 집계부터 보고까지 일련의 절차가 수행된다. 이 프로세스는 시스템의 지원을 받을 경우 신속하고 효율적으로 진행 가능하다.(바스프의 환리스크 관리 목적: '리스크의 조기인식 및 대처' 참조)

## 1.2. 수익극대화 추구

또 하나의 환리스크 관리 방법론은, 수출입의 경상거래외화 포지션과 연계하여 자금 조달 및 운영의 최적 재무구조(Optimal Financial Structure)를 도출하고 환리스크 관리와 더불어 자금 운영 수익률의 극대화나 조달 비용률을 극소화를 통해 자금적 이익의 극대화를 동시에 추구하는 것이다.

현재 경상거래에 의한 포지션 구조를 주어진 환경(given condition: 통제불가능 요인)으로 놓고, 재무구조(조달 및 운영 구조)를 다양하게 시뮬레이션 하여 무수한 포트폴리오 중에 최적 포트폴리오(재무구조)를 선정하는 프로세스를 진행한다.

현재의 재무구조(Current Portfolio)를 앞에서 선정한 최적 또는 목표 포트폴리오(Target Portfolio)로 접근시킴으로써 수익을 극대화하면서 환리스크를 적절한 범위 내로 제한할 수 있게 된다. 이 일련의 방법론의 적용은 다음의 엑셀을 이용한 전략 수립에서 상세히 다룰 것이다.

## 2. 엑셀을 활용한 실무 전략 수립

위에서 설명한 최적의 재무 전략(또는 포트폴리오)를 도출하기 위하여 가상의 회사를 설정하여, 분석조건을 제시하고, 엑셀을 이용하는 방법을 순서대로 상세히 설명하도록 한다. 또한 3개의 가상사례를 통해 회사 현황을 달리하여 실무에서 실질적인 도움이 될 수 있도록, 사례를 반복 제시하였다. 실제 실무에서는 사례와 완전히 일치하지 않지만 저자의 30년 동안의 컨설팅을 바탕으로 가장 현실에 근접한 사례를 만들어 보았다. 아무쪼록 이 실습과정을 반복적으로 충분히 학습하여, 회사의 재무전략을 직접 기획하는 내부역량을 보유하기 바란다.

## 2.1 사례 1

‣ 회사 상황 가정

> 울산의 K라는 자동차 부품 생산 및 수출 회사가 있다. 이 기업은 해외수
> 출로 인한 외상매출금, 외화예금 등 외화자산으로 USD 5M, JPY 4억엔,
> EUR 1M을 보유하고 있다. 또, 부족한 시설자금을 조달하기 위해 은행에서
> 100억원을 차입했다(통상적인 회사의 모습이다.) 회사는 차입금 100억원
> 을 시나리오를 생성하여 다양한 통화로 구성된 조달책을 시나리오로 생성
> 해, 환리스크를 방어하고, 차입금 비용을 줄여 수익을 극대화할 수 있는 대
> 체안을 찾는 전략을 강구하고 있다.
> 그러나 무역거래에서 기 발생한 포지션은 이미 주어진 조건으로 통제불
> 가능 요인으로 본다. 현재 은행에서 차입 가능 외환은 원화, 엔화, 달러이고
> 각 통화를 차입할 때 이자율은 아래와 같다고 가정한다.

‣ 분석 조건

> - 과거 환율 데이터: 실습일 기준 과거 6개월 환 종가 데이터
> - 측정 방법: 이동평균법(Moving Average, 정규분포 가정)
> - 보유기간(Holding Period) 1년, 신뢰수준 95%, 1년은 252일로 가정
> - 외화자산: USD 5M, JPY 4억엔, EUR 1M, 원화부채: 100억원
> - 부채 조달가능 통화 및 이자율: KRW 2.5%, USD 1.5%, JPY 0.5%

• 실습절차

### ① 과거 데이터 확보

과거 데이터는 로이터나 블룸버그와 같은 통신사의 브라우저를 구독해서
얻을 수 있으나, 그 비용이 크고, 환리스크만을 이용하면 낭비가 발생하여,

손쉽고 무료인 한국은행 홈페이지(www.bok.or.kr)의 경제통계를 이용한다. 이번 실습에서는 변동성은 이동평균법(Moving Average)을 사용해 측정했는데, 다른 지수가중평가법과의 괴리를 낮추기 위해, 통상 실무에서는 과거 6개월 데이터를 사용한다.

### ② 일일 변동률 도출

일일 변동률의 도출방법은 단순 수익률과 로그 수익률이 있는데, 통계적 유의성 확보를 위해 로그 수익률(LN)을 사용하기로 한다

### ③ 통화 별 표준편차, 통화간 상관계수 도출

변동성을 도출하는 통계적 방법은 무수히 많다. 완전가치평가법, 부분가치평가법 등. 여기에서는 정규분포를 가정한 가장 간단한 이동평균법을 사용하기로 한다. 실제 실무에서는, 극단값(Extreme Value)이론처럼 변동성을 전문적인 통계지식을 기반으로 더 정확히 구하는 것보다, 간단하지만(약간의 오차가 있을 수 있지만), 꾸준히 규정을 준수해 변동성을 구하는 것이 더욱 중요하다는 것을 느낄 것이다. 여기에서는 생략하지만 더 정확한 변동성을 구하고자 하는 독자는 전문 통계학 서적을 참고하기 바란다.

### ④ 부채 조달 대체 시나리오 생성

경상거래 외화는 주어진 조건(Given Condition)으로 성격을 규정하고, 즉 통제불가능 요소로 보고, 우리가 분석할 수 있는 대체 시나리오는 자금조달 측면에서만 보았다. 사례의 K회사는 부족 재원 100억원을 은행에서 원화로 조달한다고 가정했는데, 자금조달 통화는 외화로도 수월하게 실무

에서 조달할 수 있으므로, 외화와 혼합하여 조달하는 부채시나리오를 생성한다. 학습의 편의상 각 조달 통화를 5%씩 가감하여 부채시나리오를 생성한다.

### ⑤ 외화자산과 부채의 포지션 통합

여기에서 우리의 분석의 목적은 환리스크 통제를 하면서도, 수익을 극대화하는 시나리오 중 하나(Target Senario)를 찾는 것이다. 결국 실습을 진행하다 보면, 위험과 수익률(또는 비용률)의 상쇄효과(Trade-Off)에서 의사결정을 해야 할 것이다. 그러기 위해서는 우선 각 시나리오의 환리스크를 측정해야 하는데, 동일 통화간에 자산과 부채가 있다면, 이를 합산하거나 상쇄해야 위험의 노출액(Risk Exposure)을 구할 수 있다.

### ⑥ 개별 위험(VaR) 측정

각 통화별로 가감된 하나의 숫자가 위험 노출액이다. 개별위험은 정규분포의 신뢰수준과 환손실이 발생할 수 있는 기간(보유기간, Holiding Period)을 반영한다. 우선 일일변동성으로 구해진 표준편차에 신뢰수준과 영업일수의 제곱근을 곱하여 일정기간 동안 정해진 신뢰수준 하에서 최대한의 변동성을 개별 통화별로 구한 뒤, 이에 위험 노출액을 곱하여 개별위험을 도출한다.

$$(개별위험, VaRi) = (위험노출액i) \times (변동성)$$

### ⑦ 전 시나리오에 대한 포트폴리오 위험측정

개별위험은 통합을 위하여 원화로 환산한다. 회계적으로는 원화 환산을 위해서 매매기준율을 쓰지만, 간편 분석을 위하여 각 통화 금액에 최근 종가환율을 곱하여 원화로 환산한다. 종가환율을 곱할 때 주의할 점은, 엔의 환율은 100엔당 환율이므로 실습진행 시, 1엔당으로 바꾸기 위해서 100으로 나누어야 한다는 점이다.

### ⑧ 전 시나리노에 대한 조달 평균 비용률 산출

상술한 대로, 우리는 현재의 조달을 대체할 수 있는 시나리오 중에서, 위험량을 충족하면서도 가장 수익성이 높은 재무구조(Optimal Finace Structure)를 찾아내 그 재무구조를 변경하려 하고 있다. 수익성을 분석하기 위해서는 각 시나리오별 평균비용률 산출이 그래서 필요하다. 현대의 환리스크 관리는 단순히 환리스크량 만을 통제하면 되는 것이 아니라, 수많은 리스크 충족시나리오 중에서도 가장 수익률이 높은 목표 시나리오(Target Senario)의 도출이 필요한 것이다.

### ⑨ 효율적 프런티어 라인 도출

환리스크량(손실허용한도)을 충족하면서도, 수익성이 제일 높은 최적 재무구조(Optimal Finance Structure)을 찾아내기 위하여, 마코위츠(Markowitz)의 지배이론(Dominace Theory)을 적용하여 가장 효율적인 시나리오만을 찾아낸다. 이러한 시나리오를 연결한 선이 바로 효율적 프런티어 라인(Efficient Frontier Line)이다.

### ⑩ 전략 선택 및 의사결정

우리는 재무적 의사결정을 효율적 프런티어라인 위의 한 점을 선택함으로써, 재무전략을 수립할 수 있다. 그러나 그 선상에서 어떤 시나리오가 좀 더 우월한지는 객관적으로 말할 수 없다. 수익성을 추구하다 보면, 재무 위험이 늘어나는 상쇄효과 관계에 있기 때문이다. 따라서 최종 재무전략은 최고경영자나 이사회의 주관적인 리스크 선호도(Risk Appetite)에 달려 있다. 더 공격적인 최고경영자는 잠재적 손실 가능성(환리스크)을 감수하고라도 수익성 위주로 의사결정을 할 것이고, 반대의 경우(보수적인 최고경영자)에는 수익성을 희생해서라도 손실 가능성을 최소화하는 방향으로 전략을 수립 할 것이다.

<지배이론 및 효율적 프런티어라인 생성>

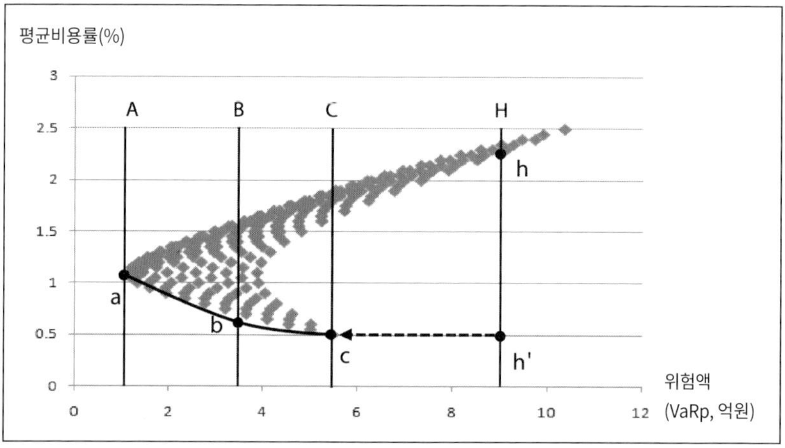

<그림 26 > 지배이론 및 효율적 프런티어 라인

H 라인은 지배이론을 설명하기위해 가상으로 그려본 수직선이다.

지배이론은 비교 포트폴리오 중 우월한 포트폴리오를 찾는 이론으로, 같은 위험수준이면 수익률이 가장 높은(비용률이 가장 낮은) 포트폴리오가 다른 포트폴리오 보다 우월하고, 같은 수익률이면 위험이 가장 작은 포트폴리오가 우월하다는 이론이다. 차트에서 보다시피 A라인 중 a, B라인 중 b, C라인 중 c 가 가장 우월하다는 것을 파악할 수 있다. 그러면 H 라인 중 h는 어떤가? H 라인 중 h보다 우월한, 즉 같은 위험인데도 비용률이 낮은 가상의 h'를 상정해 보자. 그런데 h'는 c 점보다 위험이 크므로 c 점이 더 우월하다 할 수 있다. 따라서 h<h'<c이므로 h는 효율적 포트폴리오라고 할 수 없다. 결론적으로 a, b, c를 연결하는 선이 효율적인 포트폴리오 집단이고 이 점들을 연결하는 선이 효율적 프런티어 라인이다.

그러면 a,b,c로 이루어진 각 시나리오 중 어느 구조가 우월할까? 그것은 수익률과 위험의 상쇄효과 관계이므로 우월을 평가할 수 없다. 효율적 프런티어 라인 상의 구조들은 비효율적 포트폴리오를 제거한 모두 우월한 포트폴리오이다. 따라서 이제는 계산이 아닌 선택의 문제가 된다. 즉, 반복되지만 최고경영자의 위험선호도에 달린 것이다. 공격적 운영하는 최고경영자는 수익성을 추구해 c 점에 가까운 구조를 선택할 것이고 더 보수적인 최고경영자는 a 점에 가까운 구조를 전략목표(Target Portfolio)로 삼을 것이다.

## • 구체적인 실습 방법

### 1) 과거 데이터 확보

▸ 우선 과거의 종가 데이터를 확보하기 위하여 한국은행 홈페이지에 접속한다. 이때 한국은행 URL이 www.bok.or.kr이라는 것을 기억하자 (www.bok.go.kr이 아님.)

<그림27> 한국은행 홈페이지

▸ '경제통계〉통계검색〉국제수지/외채/환율'을 클릭하면 다음 화면이 나
  온다

<그림28> 한국은행 홈페이지 통계 검색 메뉴

‣ '복수통계검색'에서 '8.8.1.1 주요국통화의 대원화 환율'을 클릭한다.

<그림29> 대원화 환율 검색 결과

‣ K회사가 보유한 외화자산은 USD, JPY, EUR이므로 중간의 '항목선택'
에서 해당 통화를 클릭하여 '조회' 항목으로 보내고, 일 주기, 과거 6개
월 기간(실습조건에 따라)을 설정하여 조회를 누르면 다음과 같은 데이
터 화면을 얻는다.

<그림29> 대원화 환율 검색 결과

▸ 우측 최 상단의 '자료 받기>엑셀다운>확인'을 눌러 과거 6개월의 USD,
JPY, EUR 데이터를 엑셀로 확보하면, 우리가 할 지속적인 분석과 실습
이 가능해진다.

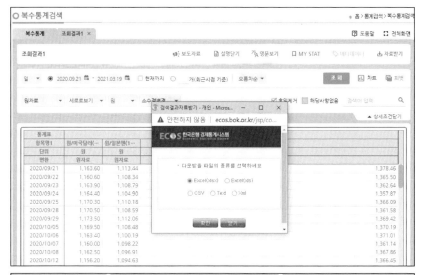

| | A | B | C | D | E | F | G |
|---|---|---|---|---|---|---|---|
| 1 | 항목명1 | 원/미국달러(매매기준율) | 원/일본엔(100엔) | 원/유로 | | | |
| 2 | 2020/09/21 | 1,163.60 | 1,113.44 | 1,378.46 | | | |
| 3 | 2020/09/22 | 1,160.60 | 1,108.34 | 1,365.50 | | | |
| 4 | 2020/09/23 | 1,163.90 | 1,108.79 | 1,362.64 | | | |
| 5 | 2020/09/24 | 1,164.40 | 1,104.90 | 1,357.87 | | | |
| 6 | 2020/09/25 | 1,170.30 | 1,110.18 | 1,366.09 | | | |
| 7 | 2020/09/28 | 1,170.50 | 1,108.59 | 1,361.58 | | | |
| 8 | 2020/09/29 | 1,173.50 | 1,112.06 | 1,369.42 | | | |
| 9 | 2020/10/05 | 1,169.50 | 1,108.48 | 1,370.19 | | | |
| 10 | 2020/10/06 | 1,163.40 | 1,100.19 | 1,371.01 | | | |
| 11 | 2020/10/07 | 1,160.00 | 1,098.22 | 1,361.14 | | | |
| 12 | 2020/10/08 | 1,162.50 | 1,096.91 | 1,367.86 | | | |
| 13 | 2020/10/12 | 1,156.20 | 1,094.63 | 1,366.45 | | | |
| 14 | 2020/10/13 | 1,148.30 | 1,090.04 | 1,356.54 | | | |
| 15 | 2020/10/14 | 1,149.50 | 1,089.68 | 1,349.92 | | | |
| 16 | 2020/10/15 | 1,145.70 | 1,089.38 | 1,345.57 | | | |

| 107 | 2021/02/25 | 1,110.20 | 1,048.30 | 1,350.78 | |
|-----|------------|----------|----------|----------|---|
| 108 | 2021/02/26 | 1,108.40 | 1,043.15 | 1,349.86 | |
| 109 | 2021/03/02 | 1,121.80 | 1,050.62 | 1,351.66 | |
| 110 | 2021/03/03 | 1,121.30 | 1,050.64 | 1,355.32 | |
| 111 | 2021/03/04 | 1,122.90 | 1,049.00 | 1,354.50 | |
| 112 | 2021/03/05 | 1,126.20 | 1,042.83 | 1,347.50 | |
| 113 | 2021/03/08 | 1,129.40 | 1,042.12 | 1,346.98 | |
| 114 | 2021/03/09 | 1,131.30 | 1,038.37 | 1,340.65 | |
| 115 | 2021/03/10 | 1,141.10 | 1,051.08 | 1,358.02 | |
| 116 | 2021/03/11 | 1,140.70 | 1,051.97 | 1,360.57 | |
| 117 | 2021/03/12 | 1,137.30 | 1,047.58 | 1,362.94 | |
| 118 | 2021/03/15 | 1,130.70 | 1,036.15 | 1,351.41 | |
| 119 | 2021/03/16 | 1,135.90 | 1,040.82 | 1,354.67 | |
| 120 | 2021/03/17 | 1,132.50 | 1,039.04 | 1,348.13 | |
| 121 | 2021/03/18 | 1,131.80 | 1,039.92 | 1,356.12 | |
| 122 | 2021/03/19 | 1,123.70 | 1,031.34 | 1,339.06 | |
| 123 | | | | | |
| 124 | | | | | |

<그림30> 검색 자료 다운받기

‣ 이제 6개월의 환율 데이터를 확보했으므로 본격적인 분석 작업을 시작한다.

## 2) 일일 변동률 도출

‣ 하루 동안의 변동률은 통계적 분석의 유의성을 감안하여 단순 수익률 대신 로그 수익률을 사용한다. 공식은 $Ln(S_t/S_{t-1})$을 사용한다.

| | | fx | =ln(B3/B2) | | | | |
|---|---|---|---|---|---|---|---|

| | A | B | C | D | E | F | G | H |
|---|---|---|---|---|---|---|---|---|
| | 항목명1 | 원/미국달러(매매기준율) | 원/일본엔(100엔) | 원/유로 | Ln USD | Ln JPY | Ln EUR | |
| 2 | 2020/09/21 | 1,163.60 | 1,113.44 | 1,378.46 | | | | |
| 3 | 2020/09/22 | 1,160.60 | 1,108.34 | 1,365.50 | =ln(B3/B2) | | | |
| 4 | 2020/09/23 | 1,163.90 | 1,108.79 | 1,362.64 | | | | |
| 5 | 2020/09/24 | 1,164.40 | 1,104.90 | 1,357.87 | | | | |
| 6 | 2020/09/25 | 1,170.30 | 1,110.18 | 1,366.09 | | | | |
| 7 | 2020/09/28 | 1,170.50 | 1,108.59 | 1,361.58 | | | | |
| 8 | 2020/09/29 | 1,173.50 | 1,112.06 | 1,369.42 | | | | |
| 9 | 2020/10/05 | 1,169.50 | 1,108.48 | 1,370.19 | | | | |
| 10 | 2020/10/06 | 1,163.40 | 1,100.19 | 1,371.01 | | | | |
| 11 | 2020/10/07 | 1,160.00 | 1,098.22 | 1,361.14 | | | | |

<그림31> 일일 변동률 계산

‣ 일일변동률은 통상적인 단순 수익률과 로그 수익률에 의해 구해진다.

(단순 수익률 공식) = (St-St-1)/St-1

(로그 수익률 공식) = LN(St/St-1)

그러나, 본 분석은 통계적 유의성을 높이기 위해 로그 수익률을 채택한다.

일일변동률을 로그 수익률로 계산하면 다음 자료가 도출된다.

| | 항목명1 | 원/미국달러(매매기준율) | 원/일본엔(100엔) | 원/유로 | Ln USD | Ln JPY | Ln EUR |
|---|---|---|---|---|---|---|---|
| 1 | | | | | | | |
| 2 | 2020/09/21 | 1,163.60 | 1,113.44 | 1,378.46 | | | |
| 3 | 2020/09/22 | 1,160.60 | 1,108.34 | 1,365.50 | -0.00258 | -0.00459 | -0.00945 |
| 4 | 2020/09/23 | 1,163.90 | 1,108.79 | 1,362.64 | 0.002839 | 0.000406 | -0.0021 |
| 5 | 2020/09/24 | 1,164.40 | 1,104.90 | 1,357.87 | 0.000429 | -0.00351 | -0.00351 |
| 6 | 2020/09/25 | 1,170.30 | 1,110.18 | 1,366.09 | 0.005054 | 0.004767 | 0.006035 |
| 7 | 2020/09/28 | 1,170.50 | 1,108.59 | 1,361.58 | 0.000171 | -0.00143 | -0.00331 |
| 8 | 2020/09/29 | 1,173.50 | 1,112.06 | 1,369.42 | 0.00256 | 0.003125 | 0.005742 |
| 9 | 2020/10/05 | 1,169.50 | 1,108.48 | 1,370.19 | -0.00341 | -0.00322 | 0.000562 |
| 10 | 2020/10/06 | 1,163.40 | 1,100.19 | 1,371.01 | -0.00523 | -0.00751 | 0.000598 |
| 11 | 2020/10/07 | 1,160.00 | 1,098.22 | 1,361.14 | -0.00293 | -0.00179 | -0.00723 |
| 12 | 2020/10/08 | 1,162.50 | 1,096.91 | 1,367.86 | 0.002153 | -0.00119 | 0.004925 |

| | E3 | | ▼ | 🔍 | *fx* | =LN(B3/B2) | | |
|---|---|---|---|---|---|---|---|---|
| | A | B | C | D | E | F | G | H | I |
| 109 | 2021/03/02 | 1,121.80 | 1,050.62 | 1,351.66 | 0.012017 | 0.007135 | 0.001333 | | |
| 110 | 2021/03/03 | 1,121.30 | 1,050.64 | 1,355.32 | -0.00045 | 1.9E-05 | 0.002704 | | |
| 111 | 2021/03/04 | 1,122.90 | 1,049.00 | 1,354.50 | 0.001426 | -0.00156 | -0.00061 | | |
| 112 | 2021/03/05 | 1,126.20 | 1,042.83 | 1,347.50 | 0.002935 | -0.0059 | -0.00518 | | |
| 113 | 2021/03/08 | 1,129.40 | 1,042.12 | 1,346.98 | 0.002837 | -0.00068 | -0.00039 | | |
| 114 | 2021/03/09 | 1,131.30 | 1,038.37 | 1,340.65 | 0.001681 | -0.0036 | -0.00471 | | |
| 115 | 2021/03/10 | 1,141.10 | 1,051.08 | 1,358.02 | 0.008625 | 0.012166 | 0.012873 | | |
| 116 | 2021/03/11 | 1,140.70 | 1,051.97 | 1,360.57 | -0.00035 | 0.000846 | 0.001876 | | |
| 117 | 2021/03/12 | 1,137.30 | 1,047.58 | 1,362.94 | -0.00299 | -0.00418 | 0.00174 | | |
| 118 | 일 | 1,130.70 | 1,036.15 | 1,351.41 | -0.00582 | -0.01097 | -0.0085 | | |
| 119 | 2021/03/16 | 1,135.90 | 1,040.82 | 1,354.67 | 0.004588 | 0.004497 | 0.002409 | | |
| 120 | 2021/03/17 | 1,132.50 | 1,039.04 | 1,348.13 | -0.003 | -0.00171 | -0.00484 | | |
| 121 | 2021/03/18 | 1,131.80 | 1,039.92 | 1,356.12 | -0.00062 | 0.000847 | 0.005909 | | |
| 122 | 2021/03/19 | 1,123.70 | 1,031.34 | 1,339.06 | -0.00718 | -0.00828 | -0.01266 | | |
| 123 | | | | | | | | | |

<그림32> 일일수익률(Ln) 도출

### 3) 통화별 표준편차, 통화간 상관계수 도출

‣ 일일 수익률을 중심으로 변동성의 정규분포를 적용하기 위해 표준편차
를 구한 다음 포트폴리오 위험을 도출하기 위하여 미리 각 통화간 상관
계수를 구한다.

‣ 표준편차(Standard Deviation)는 엑셀의 통계기능 "STDEV"를 이용
한다.

| | H3 | | ▼ | | $f_x$ | =STDEV(E3:E122) | | | |
|---|---|---|---|---|---|---|---|---|---|
| | A | B | C | D | E | F | G | H | I | J |
| | 항목명1 | 원/미국달러(매매기준율) | 원/일본엔(100엔) | 원/유로 | Ln USD | Ln JPY | Ln EUR | STD USD | STD USD | STD USD |
| | 2020/09/21 | 1,163.60 | 1,113.44 | 1,378.46 | | | | | | |
| | 2020/09/22 | 1,160.60 | 1,108.34 | 1,365.50 | -0.00258 | -0.00459 | -0.00945 | 0.003815 | 0.005147 | 0.005026 |
| | 2020/09/23 | 1,163.90 | 1,108.79 | 1,362.64 | 0.002839 | 0.000406 | -0.0021 | | | |
| | 2020/09/24 | 1,164.40 | 1,104.90 | 1,357.87 | 0.000429 | -0.00351 | -0.00351 | | | |
| | 2020/09/25 | 1,170.30 | 1,110.18 | 1,366.09 | 0.005054 | 0.004767 | 0.006035 | | | |
| | 2020/09/28 | 1,170.50 | 1,108.59 | 1,361.58 | 0.000171 | -0.00143 | -0.00331 | | | |
| | 2020/09/29 | 1,173.50 | 1,112.06 | 1,369.42 | 0.00256 | 0.003125 | 0.005742 | | | |
| | 2020/10/05 | 1,169.50 | 1,108.48 | 1,370.19 | -0.00341 | -0.00322 | 0.000562 | | | |
| | 2020/10/06 | 1,163.40 | 1,100.19 | 1,371.01 | -0.00523 | -0.00751 | 0.000598 | | | |
| | 2020/10/07 | 1,160.00 | 1,098.22 | 1,361.14 | -0.00293 | -0.00179 | -0.00723 | | | |
| | 2020/10/08 | 1,162.50 | 1,096.91 | 1,367.86 | 0.002153 | -0.00119 | 0.004925 | | | |
| | 2020/10/12 | 1,156.20 | 1,094.63 | 1,366.45 | -0.00543 | -0.00208 | -0.00103 | | | |

<그림33> 표준편차 계산 결과

▸ 다음으로 최종 포트폴리오 환위험을 측정하기 위해 통화간 상관계수
(Correlation)를 미리 구한다. 통화가 세 종류이므로 상관계수도 세 종
류가 산출된다(USD/JPY, USD/EUR, JPY/EUR). 상관계수는 엑셀의
통계기능 "CORREL"을 이용한다.

| | H9 | ▼ | | $f_x$ | =CORREL(E3:E122,F3:F122) | | | | | |
|---|---|---|---|---|---|---|---|---|---|---|
| | A | B | C | D | E | F | G | H | I | J | K |
| 1 | 항목명1 | 원/미국달러(매매기준율) | 원/일본엔(100엔) | 원/유로 | Ln USD | Ln JPY | Ln EUR | STD USD | STD USD | STD USD | |
| 2 | 2020/09/21 | 1.163.60 | 1.113.44 | 1.378.46 | | | | | | | |
| 3 | 2020/09/22 | 1.160.60 | 1.108.34 | 1.365.50 | -0.00258 | -0.00459 | -0.00945 | 0.003815 | 0.005147 | 0.005026 | |
| 4 | 2020/09/23 | 1.163.90 | 1.108.79 | 1.362.64 | 0.002839 | 0.000406 | -0.0021 | | | | |
| 5 | 2020/09/24 | 1.164.40 | 1.104.90 | 1.357.87 | 0.000429 | -0.00351 | -0.00351 | | | | |
| 6 | 2020/09/25 | 1.170.30 | 1.110.18 | 1.366.09 | 0.005054 | 0.004767 | 0.006035 | | | | |
| 7 | 2020/09/28 | 1.170.50 | 1.108.59 | 1.361.58 | 0.000171 | -0.00143 | -0.00331 | 상관계수(Correlation) | | | |
| 8 | 2020/09/29 | 1.173.50 | 1.112.06 | 1.369.42 | 0.00256 | 0.003125 | 0.005742 | USD/JPY | USD/EUR | JPY/EUR | |
| 9 | 2020/10/05 | 1.169.50 | 1.108.48 | 1.370.19 | -0.00341 | -0.00322 | 0.000562 | 0.717191 | 0.631114 | 0.730996 | |
| 10 | 2020/10/06 | 1.163.40 | 1.100.19 | 1.371.01 | -0.00523 | -0.00751 | 0.000598 | | | | |
| 11 | 2020/10/07 | 1.160.00 | 1.098.22 | 1.361.14 | -0.00293 | -0.00179 | -0.00723 | | | | |
| 12 | 2020/10/08 | 1.162.50 | 1.096.91 | 1.367.86 | 0.002153 | -0.00119 | 0.004925 | | | | |
| 13 | 2020/10/12 | 1.156.20 | 1.094.63 | 1.366.45 | -0.00543 | -0.00208 | -0.00103 | | | | |
| 14 | 2020/10/13 | 1.148.30 | 1.090.04 | 1.356.54 | -0.00686 | -0.0042 | -0.00728 | | | | |
| 15 | 2020/10/14 | 1.149.50 | 1.089.68 | 1.349.92 | 0.001044 | -0.00033 | -0.00489 | | | | |
| 16 | 2020/10/15 | 1.145.70 | 1.089.38 | 1.345.57 | -0.00331 | -0.00028 | -0.00323 | | | | |
| 17 | 2020/10/16 | 1.144.60 | 1.086.22 | 1.340.04 | -0.00096 | -0.0029 | -0.00412 | | | | |
| 18 | 2020/10/19 | 1.145.60 | 1.086.70 | 1.341.90 | 0.000873 | 0.000442 | 0.001387 | | | | |
| 19 | 2020/10/20 | 1.142.30 | 1.083.01 | 1.344.20 | 0.00297 | 0.0034 | 0.001713 | | | | |

<그림34> 상관계수 계산 결과

## 4) 부채 조달 대체 시나리오 생성

‣ 이 회사는 부족 시설자금을 원화로 100억원을 은행에서 차입했다. 그러나 외화자산의 환리스크가 너무 크게 발생하여 때때로 선물환 등을 거래했으나, 지속적인 수수료 지급, 타이밍의 실패 등으로 영구적인 헤지 방안을 강구하고, 이를 통해 차입 비용률을 낮추는 전략을 세우려 한다.

‣ 시나리오는 다음과 같다. 위 실습사례에서 가정한 것처럼, 현재 100억원의 차입에 USD, JPY를 추가함으로써 최선의 환리스크 대책과 수익 극대화 대체안을 도출하기 위해 5% 단위로 통화별로 비중을 늘리거나 줄여 최적의 차입구조를 찾으려 한다. 현재 원화 차입 100%를 5% 단위로 USD와 JPY에 배정하는 차입 시나리오를 생성한다.

| | C126 | ▼ | fx | =100-A126-B126 | | |
|---|---|---|---|---|---|---|
| | A | B | C | D | E | F | G |

| | A | B | C | D | E | F | G |
|---|---|---|---|---|---|---|---|
| 22 | 2021/03/19 | 1,123.70 | 1,031.34 | 1,339.06 | -0.00718 | -0.00828 | -0.01266 |
| 23 | | | | | | | |
| 24 | 대체 시나리오(단위:억원) | | | | | | |
| 25 | KRW | USD | JPY | | | | |
| 26 | 100 | 0 | 0 | | | | |
| 27 | 95 | 5 | 0 | | | | |
| 28 | 95 | 0 | 5 | | | | |
| 29 | 90 | 10 | 0 | | | | |
| 30 | 90 | 5 | 5 | | | | |
| 31 | 90 | 0 | 10 | | | | |
| 32 | 85 | 15 | 0 | | | | |
| 33 | 85 | 10 | 5 | | | | |
| 34 | 85 | 5 | 10 | | | | |

| | C126 | ▼ | fx | =100-A126-B126 | |
|---|---|---|---|---|---|
| | A | B | C | D | E |

| | A | B | C | D | E |
|---|---|---|---|---|---|
| 341 | 0 | 75 | 25 | | |
| 342 | 0 | 70 | 30 | | |
| 343 | 0 | 65 | 35 | | |
| 344 | 0 | 60 | 40 | | |
| 345 | 0 | 55 | 45 | | |
| 346 | 0 | 50 | 50 | | |
| 347 | 0 | 45 | 55 | | |
| 348 | 0 | 40 | 60 | | |
| 349 | 0 | 35 | 65 | | |
| 350 | 0 | 30 | 70 | | |
| 351 | 0 | 25 | 75 | | |
| 352 | 0 | 20 | 80 | | |
| 353 | 0 | 15 | 85 | | |
| 354 | 0 | 10 | 90 | | |
| 355 | 0 | 5 | 95 | | |
| 356 | 0 | 0 | 100 | | |

<그림35> 차입 시나리오 생성 결과

각 통화 별로 5% 단위로 금액을 증감해 현재의 원화 차입금 100억원을 대체할 수 있는 시나리오 331개가 생성됐다.

### 5) 외화자산과 부채의 포지션 통합

‣ 각 통화별로 개별위험을 구하기 위해서는 회사의 보유 자산과 시나리오
 의 외화부채를 각기 합산을 해야 한다. 즉, 외화자산에서 외화부채를 차
 감하거나 그 반대 작업을 수행하면 된다. 먼저 시나리오의 부채 규모가
 억 단위이므로 외화자산도 최근 종가 환율로 곱한다음 억단위로 환산하
 여 통합하기로 한다. 외화 환산 시 주의할 점은 엔의 환율이 100엔당으
 로 고시되기 때문에 다시 100으로 나누어야만 1엔당으로 변환된다.

| | F126 | | | $f_x$ | =400000000*$C$122/100000000/100 | | | |
|---|---|---|---|---|---|---|---|---|
| | A | B | C | D | E | F | G | H |
| 121 | 2021/03/18 | 1,131.80 | 1,039.92 | 1,356.12 | -0.00061829 | 0.000847 | 0.005909234 | |
| 122 | 2021/03/19 | 1,123.70 | 1,031.34 | 1,339.06 | -0.00718247 | -0.00828 | -0.01265981 | |
| 123 | | | | | | | | |
| 124 | 대체 시나리오(단위:억원) | | | | 외화자산 (단위 :억원) | | | |
| 125 | KRW | USD | JPY | | USD | JPY | EUR | |
| 126 | 100 | 0 | 0 | | 56.185 | 41.2536 | 13.3906 | |
| 127 | 95 | 5 | 0 | | 56.185 | 41.2536 | 13.3906 | |
| 128 | 95 | 0 | 5 | | 56.185 | 41.2536 | 13.3906 | |
| 129 | 90 | 10 | 0 | | 56.185 | 41.2536 | 13.3906 | |
| 130 | 90 | 5 | 5 | | 56.185 | 41.2536 | 13.3906 | |
| 131 | 90 | 0 | 10 | | 56.185 | 41.2536 | 13.3906 | |
| 132 | 85 | 15 | 0 | | 56.185 | 41.2536 | 13.3906 | |
| 133 | 85 | 10 | 5 | | 56.185 | 41.2536 | 13.3906 | |
| 134 | 85 | 5 | 10 | | 56.185 | 41.2536 | 13.3906 | |
| 135 | 85 | 0 | 15 | | 56.185 | 41.2536 | 13.3906 | |
| 136 | 80 | 20 | 0 | | 56.185 | 41.2536 | 13.3906 | |
| 137 | 80 | 15 | 5 | | 56.185 | 41.2536 | 13.3906 | |
| 138 | 80 | 10 | 10 | | 56.185 | 41.2536 | 13.3906 | |
| 139 | 80 | 5 | 15 | | 56.185 | 41.2536 | 13.3906 | |
| 140 | 80 | 0 | 20 | | 56.185 | 41.2536 | 13.3906 | |

<그림36> 무역거래 포지션 원화 환산

▸ 다음은 시나리오 상 USD, JPY와 외화자산 중 같은 통화를 합산해 통합
포지션을 산출한다.

| | A | B | C | D | E | F | G | H | I | J | K |
|---|---|---|---|---|---|---|---|---|---|---|---|
| | I126 | | | | $f_x$ =B126-E126 | | | | | | |
| 122 | 2021/03/19 | 1,123.70 | 1,031.34 | 1,339.06 | -0.00718247 | -0.00828 | -0.01265981 | | | | |
| 123 | | | | | | | | | | | |
| 124 | 대체 시나리오(단위:억원) | | | | 외화자산 (단위 :억원) | | | | 통합 Position(단위 :억원) | | |
| 125 | KRW | USD | JPY | | USD | JPY | EUR | | USD | JPY | EUR |
| 126 | 100 | 0 | 0 | | 56.185 | 41.2536 | 13.3906 | | -56.185 | -41.2536 | -13.3906 |
| 127 | 95 | 5 | 0 | | 56.185 | 41.2536 | 13.3906 | | -51.185 | -41.2536 | -13.3906 |
| 128 | 95 | 0 | 5 | | 56.185 | 41.2536 | 13.3906 | | -56.185 | -36.2536 | -13.3906 |
| 129 | 90 | 10 | 0 | | 56.185 | 41.2536 | 13.3906 | | -46.185 | -41.2536 | -13.3906 |
| 130 | 90 | 5 | 5 | | 56.185 | 41.2536 | 13.3906 | | -51.185 | -36.2536 | -13.3906 |
| 131 | 90 | 0 | 10 | | 56.185 | 41.2536 | 13.3906 | | -56.185 | -31.2536 | -13.3906 |
| 132 | 85 | 15 | 0 | | 56.185 | 41.2536 | 13.3906 | | -41.185 | -41.2536 | -13.3906 |
| 133 | 85 | 10 | 5 | | 56.185 | 41.2536 | 13.3906 | | -46.185 | -36.2536 | -13.3906 |
| 134 | 85 | 5 | 10 | | 56.185 | 41.2536 | 13.3906 | | -51.185 | -31.2536 | -13.3906 |

| | A | B | C | D | E | F | G | H | I | J | K |
|---|---|---|---|---|---|---|---|---|---|---|---|
| | I126 | | | | $f_x$ =B126-E126 | | | | | | |
| 344 | 0 | 60 | 40 | | 56.185 | 41.2536 | 13.3906 | | 3.815 | -1.2536 | -13.3906 |
| 345 | 0 | 55 | 45 | | 56.185 | 41.2536 | 13.3906 | | -1.185 | 3.7464 | -13.3906 |
| 346 | 0 | 50 | 50 | | 56.185 | 41.2536 | 13.3906 | | -6.185 | 8.7464 | -13.3906 |
| 347 | 0 | 45 | 55 | | 56.185 | 41.2536 | 13.3906 | | -11.185 | 13.7464 | -13.3906 |
| 348 | 0 | 40 | 60 | | 56.185 | 41.2536 | 13.3906 | | -16.185 | 18.7464 | -13.3906 |
| 349 | 0 | 35 | 65 | | 56.185 | 41.2536 | 13.3906 | | -21.185 | 23.7464 | -13.3906 |
| 350 | 0 | 30 | 70 | | 56.185 | 41.2536 | 13.3906 | | -26.185 | 28.7464 | -13.3906 |
| 351 | 0 | 25 | 75 | | 56.185 | 41.2536 | 13.3906 | | -31.185 | 33.7464 | -13.3906 |
| 352 | 0 | 20 | 80 | | 56.185 | 41.2536 | 13.3906 | | -36.185 | 38.7464 | -13.3906 |
| 353 | 0 | 15 | 85 | | 56.185 | 41.2536 | 13.3906 | | -41.185 | 43.7464 | -13.3906 |
| 354 | 0 | 10 | 90 | | 56.185 | 41.2536 | 13.3906 | | -46.185 | 48.7464 | -13.3906 |
| 355 | 0 | 5 | 95 | | 56.185 | 41.2536 | 13.3906 | | -51.185 | 53.7464 | -13.3906 |
| 356 | 0 | 0 | 100 | | 56.185 | 41.2536 | 13.3906 | | -56.185 | 58.7464 | -13.3906 |

<그림37> 통합 포지션 도출 결과


## 6) 개별 위험(VaR) 측정

각 통화별 위험(VaRi) 측정은 다음공식에 따른다.

VaRi= (Position) × STDEV(표준편차) × z(신뢰수준) × Sqrt(ti)(보유기간)

실습조건에 따라 여기에서는 z(신뢰수준)을 95%, 보유기간은 1년(252
일)으로 하여 진행한다. 따라서, 이미 도출한 표준편차에 신뢰수준(95%,
1.65배)과 1년의 보유기간을 감안한다

| | Ln USD | Ln JPY | Ln EUR | STD USD | STD USD | STD USD | | 95% 신뢰수준 감안 | | | 보유기간(Holding Period)감안 | | |
|---|---|---|---|---|---|---|---|---|---|---|---|---|---|
| 378.46 | | | | | | | | | | | | | |
| 365.50 | -0.00258153 | -0.00459 | -0.00944627 | 0.003815 | 0.005147 | 0.005026 | | 0.006295 | 0.008493 | 0.008294 | 0.099937 | 0.134823 | 0.131655 |
| 362.64 | 0.002839322 | 0.000406 | -0.00209667 | | | | | | | | | | |
| 357.87 | 0.00042948 | -0.00351 | -0.0035067 | | | | | | | | | | |
| 366.09 | 0.005054193 | 0.004767 | 0.006035349 | | | | | | | | | | |
| 361.58 | 0.000170882 | -0.00143 | -0.00330685 | 상관계수(Correlation) | | | | | | | | | |
| 369.42 | 0.002559728 | 0.003125 | 0.005741502 | USD/JPY | USD/EUR | JPY/EUR | | | | | | | |
| 370.19 | -0.00341443 | -0.00322 | 0.000562124 | 0.717191 | 0.631114 | 0.730996 | | | | | | | |
| 371.01 | -0.00522955 | -0.00751 | 0.000598278 | | | | | | | | | | |
| 361.14 | -0.00292675 | -0.00179 | -0.00722511 | | | | | | | | | | |
| 367.86 | 0.002152853 | -0.00119 | 0.004924891 | | | | | | | | | | |
| 366.45 | 0.00543409 | -0.00208 | -0.00103134 | | | | | | | | | | |

<그림38> 보유기간, 신뢰수준 감안 변동성

보유기간은 1년 252영업일수로 가정하였고, 일일변동률에 영업일수를 제곱근하여 보유기간 동안의 변동률을 계산했다. 개별위험 (VaRi)의 산식은 다음과 같다

VaRi = (포지션) × (변동성, 표준편차/신뢰수준/보유기간)

| D | E | F | G | H | I | J | K | L | M | N | O | P |
|---|---|---|---|---|---|---|---|---|---|---|---|---|
| 351.41 | -0.00582012 | -0.01097 | -0.00849564 | | | | | | | | | |
| 354.67 | 0.004588378 | 0.004497 | 0.00240939 | | | | | | | | | |
| 348.13 | -0.00299771 | -0.00171 | -0.00483944 | | | | | | | | | |
| 356.12 | -0.00061829 | 0.000847 | 0.005909234 | | | | | | | | | |
| 339.06 | -0.00718247 | -0.00828 | -0.01265981 | | | | | | | | | |

| 외화자산 (단위 :억원) | | | | 통합 Position(단위 :억원) | | | | VaRi(개별위험 측정) | | | |
|---|---|---|---|---|---|---|---|---|---|---|---|
| USD | JPY | EUR | | USD | JPY | EUR | | USD | JPY | EUR | |
| 56.185 | 41.2536 | 13.3906 | | -56.185 | -41.2536 | -13.3906 | | -5.61495 | -5.56192 | -1.76294 | |
| 56.185 | 41.2536 | 13.3906 | | -51.185 | -41.2536 | -13.3906 | | -5.11526 | -5.56192 | -1.76294 | |
| 56.185 | 41.2536 | 13.3906 | | -56.185 | -36.2536 | -13.3906 | | -5.61495 | -4.8878 | -1.76294 | |
| 56.185 | 41.2536 | 13.3906 | | -46.185 | -41.2536 | -13.3906 | | -4.61558 | -5.56192 | -1.76294 | |
| 56.185 | 41.2536 | 13.3906 | | -51.185 | -36.2536 | -13.3906 | | -5.11526 | -4.8878 | -1.76294 | |
| 56.185 | 41.2536 | 13.3906 | | -56.185 | -31.2536 | -13.3906 | | -5.61495 | -4.21369 | -1.76294 | |
| 56.185 | 41.2536 | 13.3906 | | -41.185 | -41.2536 | -13.3906 | | -4.11589 | -5.56192 | -1.76294 | |
| 56.185 | 41.2536 | 13.3906 | | -46.185 | -36.2536 | -13.3906 | | -4.61558 | -4.8878 | -1.76294 | |
| 56.185 | 41.2536 | 13.3906 | | -51.185 | -31.2536 | -13.3906 | | -5.11526 | -4.21369 | -1.76294 | |
| 56.185 | 41.2536 | 13.3906 | | -56.185 | -26.2536 | -13.3906 | | -5.61495 | -3.53958 | -1.76294 | |
| 56.185 | 41.2536 | 13.3906 | | -36.185 | -41.2536 | -13.3906 | | -3.61621 | -5.56192 | -1.76294 | |
| 56.185 | 41.2536 | 13.3906 | | -41.185 | -36.2536 | -13.3906 | | -4.11589 | -4.8878 | -1.76294 | |

<그림39> 시나리오별 각 통화별 개별위험 측정

각 위험 값 산출 시, 각 포지션에 변동성 앞 뒤에 $ 표시를 한 이유는 어떠한 시나리오에 대해서도 변동성은 외부에서 주어진 상수 변수이기 때문이다.

## 7) 전 시나리오에 대한 포트폴리오 위험측정

각 통화와 시나리오별로 개별위험이 산출되고, 통화간 상관계수도 구해져 있으므로 전 시나리오에 대한 포트폴리오 위험(포트폴리오 VaR, VaRp)을 도출할 수 있다. 포트폴리오 위험 산출공식은 다음과 같다.

$$VaRp = \sqrt{(\Sigma i, \Sigma j\, VaRi \times VaRj \times rij)}$$

$$= \sqrt{(VaR1^\wedge + VaR2^\wedge + VaR3^\wedge + 2 \times VaR1 \times VaR2 \times r1,2 + 2 \times VaR1 \times VaR3 \times r1,3 + 2 \times VaR2 \times VaR3 \times r2,3)}$$

| D | E | F | G | H | I | J | K | L | M | N | O | P | Q | R |
|---|---|---|---|---|---|---|---|---|---|---|---|---|---|---|
| 1,348.13 | -0.00299771 | -0.00171 | -0.00483944 | | | | | | | | | | | |
| 1,356.12 | -0.00061829 | 0.000847 | 0.005909234 | | | | | | | | | | | |
| 1,339.06 | -0.00718247 | -0.00828 | -0.01265981 | | | | | | | | | | | |

| 외화자산 (단위 :억원) | | | | 통합 Position(단위 :억원) | | | | VaRi(개별위험 측정) | | | | | VaRp | |
|---|---|---|---|---|---|---|---|---|---|---|---|---|---|---|
| USD | JPY | EUR | | USD | JPY | EUR | | USD | JPY | EUR | | | | |
| 56.185 | 41.2536 | 13.3906 | | -56.185 | -41.2536 | -13.3906 | | -5.61495 | -5.56192 | -1.76294 | | | 11.71307 | |
| 56.185 | 41.2536 | 13.3906 | | -51.185 | -41.2536 | -13.3906 | | -5.11526 | -5.56192 | -1.76294 | | | 11.25771 | |
| 56.185 | 41.2536 | 13.3906 | | -56.185 | -36.2536 | -13.3906 | | -5.61495 | -4.8878 | -1.76294 | | | 11.08986 | |
| 56.185 | 41.2536 | 13.3906 | | -46.185 | -41.2536 | -13.3906 | | -4.61558 | -5.56192 | -1.76294 | | | 10.80626 | |
| 56.185 | 41.2536 | 13.3906 | | -51.185 | -36.2536 | -13.3906 | | -5.11526 | -4.8878 | -1.76294 | | | 10.63052 | |
| 56.185 | 41.2536 | 13.3906 | | -56.185 | -31.2536 | -13.3906 | | -5.61495 | -4.21369 | -1.76294 | | | 10.47295 | |
| 56.185 | 41.2536 | 13.3906 | | -41.185 | -41.2536 | -13.3906 | | -4.11589 | -5.56192 | -1.76294 | | | 10.35924 | |
| 56.185 | 41.2536 | 13.3906 | | -46.185 | -36.2536 | -13.3906 | | -4.61558 | -4.8878 | -1.76294 | | | 10.175 | |
| 56.185 | 41.2536 | 13.3906 | | -51.185 | -31.2536 | -13.3906 | | -5.11526 | -4.21369 | -1.76294 | | | 10.009945 | |
| 56.185 | 41.2536 | 13.3906 | | -56.185 | -26.2536 | -13.3906 | | -5.61495 | -3.53958 | -1.76294 | | | 9.86354 | |

| D | E | F | G | H | I | J | K | L | M | N | O | P | Q |
|---|---|---|---|---|---|---|---|---|---|---|---|---|---|
| | 56.185 | 41.2536 | 13.3906 | | 13.815 | -11.2536 | -13.3906 | | 1.380626 | -1.51724 | -1.76294 | | 2.269314 |
| | 56.185 | 41.2536 | 13.3906 | | 8.815 | -6.2536 | -13.3906 | | 0.880942 | -0.84313 | -1.76294 | | 1.9345 |
| | 56.185 | 41.2536 | 13.3906 | | 3.815 | -1.2536 | -13.3906 | | 0.381259 | -0.16901 | -1.76294 | | 1.666342 |
| | 56.185 | 41.2536 | 13.3906 | | -1.185 | 3.7464 | -13.3906 | | -0.11843 | 0.505099 | -1.76294 | | 1.501 |
| | 56.185 | 41.2536 | 13.3906 | | -6.185 | 8.7464 | -13.3906 | | -0.61811 | 1.179212 | -1.76294 | | 1.473501 |
| | 56.185 | 41.2536 | 13.3906 | | -11.185 | 13.7464 | -13.3906 | | -1.11779 | 1.853325 | -1.76294 | | 1.591009 |
| | 56.185 | 41.2536 | 13.3906 | | -16.185 | 18.7464 | -13.3906 | | -1.61748 | 2.527438 | -1.76294 | | 1.825737 |
| | 56.185 | 41.2536 | 13.3906 | | -21.185 | 23.7464 | -13.3906 | | -2.11716 | 3.201551 | -1.76294 | | 2.139444 |
| | 56.185 | 41.2536 | 13.3906 | | -26.185 | 28.7464 | -13.3906 | | -2.61684 | 3.875664 | -1.76294 | | 2.502604 |
| | 56.185 | 41.2536 | 13.3906 | | -31.185 | 33.7464 | -13.3906 | | -3.11653 | 4.549777 | -1.76294 | | 2.896676 |
| | 56.185 | 41.2536 | 13.3906 | | -36.185 | 38.7464 | -13.3906 | | -3.61621 | 5.223889 | -1.76294 | | 3.31064 |
| | 56.185 | 41.2536 | 13.3906 | | -41.185 | 43.7464 | -13.3906 | | -4.11589 | 5.898002 | -1.76294 | | 3.737893 |
| | 56.185 | 41.2536 | 13.3906 | | -46.185 | 48.7464 | -13.3906 | | -4.61558 | 6.572115 | -1.76294 | | 4.174356 |
| | 56.185 | 41.2536 | 13.3906 | | -51.185 | 53.7464 | -13.3906 | | -5.11526 | 7.246228 | -1.76294 | | 4.617419 |
| | 56.185 | 41.2536 | 13.3906 | | -56.185 | 58.7464 | -13.3906 | | -5.61495 | 7.920341 | -1.76294 | | 5.065349 |

<그림40> 시나리오별 총위험(Portfolio VaR) 도출

## 8) 전 시나리오에 대한 조달 평균 비용률 산출

이 회사는 100억원의 차입을 현재 원화로 조달하고 있다. 즉 현재 상태에서는 보유외화자산에 의한 환손실이 시나리오의 VaRp의 최 상단의 숫자처럼 1년에 11억원 이상 금융변수(환율)가 불리하게 변하면 손실이 발생할수 있는 것이다. 사례의 K회사는 100%를 원화로 차입했으므로 당연히 회사 차입비용률은 2.5%이다.

이제부터는 재무안전성(환리스크)을 현재보다 줄이고, 수익성(차입비용률)을 낮추는 조달구조를 생성된 부채 조달 대체 시나리오에서 도출해 보자. 위험(VaRp)은 산출되어 있으므로 각 시나리오별 평균차입비용률을 도출해보자. 조달가능 통화는 KRW, USD, JPY로 한정하여 가정했다.

평균비용률 = $\Sigma\langle$(차입 액)i × 이자율i$\rangle$/100억원

| fx | | =(A126*2.5+B126*1.5+C126*0.5)/100 | | | | | | | | | | | |
|---|---|---|---|---|---|---|---|---|---|---|---|---|---|
| D | E | F | G | H | I | J | K | L | M | N | O | P | Q | R |
| 1,348.13 | -0.00299771 | | -0.00171 | -0.00483944 | | | | | | | | | | |
| 1,356.12 | -0.00061829 | 0.000847 | 0.005909234 | | | | | | | | | | | |
| 1,339.06 | -0.00718247 | -0.00828 | -0.01265981 | | | | | | | | | | | |

| | 외화자산 (단위 :억원) | | | | 통합 Position(단위 :억원) | | | VaRi(개별위험 측정) | | | | VaRp | 평균비용율 |
|---|---|---|---|---|---|---|---|---|---|---|---|---|---|
| | USD | JPY | EUR | | USD | JPY | EUR | | USD | JPY | EUR | | |
| | 56.185 | 41.2536 | 13.3906 | | -56.185 | -41.2536 | -13.3906 | | -5.61495 | -5.56192 | -1.76294 | 11.71307 | 2.5 |
| | 56.185 | 41.2536 | 13.3906 | | -51.185 | -41.2536 | -13.3906 | | -5.11526 | -5.56192 | -1.76294 | 11.25771 | 2.45 |
| | 56.185 | 41.2536 | 13.3906 | | -56.185 | -36.2536 | -13.3906 | | -5.61495 | -4.8878 | -1.76294 | 11.08986 | 2.4 |
| | 56.185 | 41.2536 | 13.3906 | | -46.185 | -41.2536 | -13.3906 | | -4.61558 | -5.56192 | -1.76294 | 10.80626 | 2.4 |
| | 56.185 | 41.2536 | 13.3906 | | -51.185 | -36.2536 | -13.3906 | | -5.11526 | -4.8878 | -1.76294 | 10.63052 | 2.35 |
| | 56.185 | 41.2536 | 13.3906 | | -56.185 | -31.2536 | -13.3906 | | -5.61495 | -4.21369 | -1.76294 | 10.47295 | 2.3 |
| | 56.185 | 41.2536 | 13.3906 | | -41.185 | -41.2536 | -13.3906 | | -4.11589 | -5.56192 | -1.76294 | 10.35924 | 2.35 |

| fx | | =(A126*2.5+B126*1.5+C126*0.5)/100 | | | | | | | | | | | |
|---|---|---|---|---|---|---|---|---|---|---|---|---|---|---|
| D | E | F | G | H | I | J | K | L | M | N | O | P | Q | R |
| | 56.185 | 41.2536 | 13.3906 | | -1.185 | 3.7464 | -13.3906 | | -0.11843 | 0.505099 | -1.76294 | 1.501 | 1.05 |
| | 56.185 | 41.2536 | 13.3906 | | -6.185 | 8.7464 | -13.3906 | | -0.61811 | 1.179212 | -1.76294 | 1.473501 | 1 |
| | 56.185 | 41.2536 | 13.3906 | | -11.185 | 13.7464 | -13.3906 | | -1.11779 | 1.853325 | -1.76294 | 1.591009 | 0.95 |
| | 56.185 | 41.2536 | 13.3906 | | -16.185 | 18.7464 | -13.3906 | | -1.61748 | 2.527438 | -1.76294 | 1.825737 | 0.9 |
| | 56.185 | 41.2536 | 13.3906 | | -21.185 | 23.7464 | -13.3906 | | -2.11716 | 3.201551 | -1.76294 | 2.139444 | 0.85 |
| | 56.185 | 41.2536 | 13.3906 | | -26.185 | 28.7464 | -13.3906 | | -2.61684 | 3.875664 | -1.76294 | 2.502604 | 0.8 |
| | 56.185 | 41.2536 | 13.3906 | | -31.185 | 33.7464 | -13.3906 | | -3.11653 | 4.549777 | -1.76294 | 2.896676 | 0.75 |
| | 56.185 | 41.2536 | 13.3906 | | -36.185 | 38.7464 | -13.3906 | | -3.61621 | 5.223889 | -1.76294 | 3.31064 | 0.7 |
| | 56.185 | 41.2536 | 13.3906 | | -41.185 | 43.7464 | -13.3906 | | -4.11589 | 5.898002 | -1.76294 | 3.737893 | 0.65 |
| | 56.185 | 41.2536 | 13.3906 | | -46.185 | 48.7464 | -13.3906 | | -4.61558 | 6.572115 | -1.76294 | 4.174356 | 0.6 |
| | 56.185 | 41.2536 | 13.3906 | | -51.185 | 53.7464 | -13.3906 | | -5.11526 | 7.246228 | -1.76294 | 4.617419 | 0.55 |
| | 56.185 | 41.2536 | 13.3906 | | -56.185 | 58.7464 | -13.3906 | | -5.61495 | 7.920341 | -1.76294 | 5.065349 | 0.5 |

<그림41> 각 시나리오별 평균비용률 도출

## 9) 효율적 프런티어 라인 도출

다음은 마코위츠의 지배이론(支配理論)을 사용하여 위험과 비용률 사이
에 효율성이 극대화된 포트폴리오 집단인 효율적 프런티어 라인(Efficient
Frontier Line)을 도출해 본다.

지배이론은 같은 위험수준이면 수익률이 가장 높은 포트폴리오가 다른
모든 포트폴리오를 지배하여 유일한 효율적 포트폴리오가 되고, 같은 수익
률이면 위험이 가장 작은 포트폴리오도 같은 개념이 적용된다.

이를 시각적으로 확인하기 위해 위험액(VaRp)과 평균비용률을 엑셀의
분산형 차트를 이용해 도출해 보기로 한다. 이를 위해선 엑셀에서 VaRp와

평균비용률은 선택한 후 엑셀의 '삽입〉분산형 차트'를 선택하면 된다.

| | A | B | C | D | E | F | G | ... | Q(VaRp) | R(평균비용률) |
|---|---|---|---|---|---|---|---|---|---|---|
| 118 | 일 | 1,138.70 | 1,036.16 | 1,361.41 | -0.00582012 | -0.01097 | -0.00849564 | | | |
| 119 | 2021/03/16 | 1,135.90 | 1,040.82 | 1,354.87 | 0.004588378 | 0.004497 | 0.00240939 | | | |
| 120 | 2021/03/17 | 1,132.90 | 1,039.04 | 1,348.13 | -0.00299771 | -0.00171 | -0.00348944 | | | |
| 121 | 2021/03/18 | 1,131.80 | 1,029.92 | 1,356.12 | -0.00061829 | 0.000847 | 0.005909234 | | | |
| 122 | 2021/03/19 | 1,123.70 | 1,031.34 | 1,356.09 | -0.00718247 | -0.00828 | -0.01265981 | | | |

| 124 대체 시나리오(단위:억원) | | | 외화자산 (단위:억원) | | | 통합 Position(단위:억원) | | | VaRi(개별위험 측정) | | | VaRp | 평균비용률 |
|---|---|---|---|---|---|---|---|---|---|---|---|---|---|
| 125 KRW | USD | JPY | USD | JPY | EUR | USD | JPY | EUR | USD | JPY | EUR | VaRp | 평균비용률 |
| 126 100 | 0 | 0 | 56.185 | 41.2536 | 13.3906 | -56.185 | -41.2536 | -13.3906 | -5.61495 | -5.56192 | -1.76294 | 11.71307 | 2.5 |
| 127 95 | 0 | 0 | 56.185 | 41.2536 | 13.3906 | -51.185 | -41.2536 | -13.3906 | 5.11526 | -5.56192 | -1.76294 | 11.25771 | 2.45 |
| 128 95 | 0 | 5 | 56.185 | 41.2536 | 13.3906 | -56.185 | -36.2536 | -13.3906 | 5.61495 | -4.8878 | -1.76294 | 11.08986 | 2.4 |
| 129 90 | 0 | 10 | 56.185 | 41.2536 | 13.3906 | -46.185 | -41.2536 | -13.3906 | -4.61558 | -5.56192 | -1.76294 | 10.80626 | 2.4 |
| 130 90 | 5 | 5 | 56.185 | 41.2536 | 13.3906 | -51.185 | -36.2536 | -13.3906 | -5.11526 | -4.8878 | -1.76294 | 10.63052 | 2.35 |
| 131 90 | 0 | 10 | 56.185 | 41.2536 | 13.3906 | -56.185 | -31.2536 | -13.3906 | -5.61495 | -4.21369 | -1.76294 | 10.47295 | 2.3 |
| 132 85 | 15 | 0 | 56.185 | 41.2536 | 13.3906 | -41.185 | -41.2536 | -13.3906 | -4.11589 | -5.56192 | -1.76294 | 10.35924 | 2.35 |
| 133 85 | 10 | 5 | 56.185 | 41.2536 | 13.3906 | -46.185 | -36.2536 | -13.3906 | 4.61558 | -4.8878 | -1.76294 | 10.175 | 2.3 |
| 134 85 | 5 | 10 | 56.185 | 41.2536 | 13.3906 | -51.185 | -31.2536 | -13.3906 | -5.11526 | -4.21369 | -1.76294 | 10.00945 | 2.25 |
| 135 85 | 0 | 15 | 56.185 | 41.2536 | 13.3906 | -56.185 | -26.2536 | -13.3906 | -5.61495 | -3.53958 | -1.76294 | 9.86354 | 2.2 |
| 136 80 | 20 | 0 | 56.185 | 41.2536 | 13.3906 | -36.185 | -41.2536 | -13.3906 | -3.61621 | -5.56192 | -1.76294 | 9.917256 | 2.3 |
| 137 80 | 15 | 5 | 56.185 | 41.2536 | 13.3906 | -41.185 | -36.2536 | -13.3906 | -4.11589 | -4.8878 | -1.76294 | 9.723804 | 2.25 |
| 138 80 | 10 | 10 | 56.185 | 41.2536 | 13.3906 | -46.185 | -31.2536 | -13.3906 | -4.61558 | -4.21369 | -1.76294 | 9.549589 | 2.2 |
| 139 80 | 5 | 15 | 56.185 | 41.2536 | 13.3906 | -51.185 | -26.2536 | -13.3906 | -5.11526 | -3.53958 | -1.76294 | 9.395683 | 2.15 |

<그림42> 시나리오별 위험과 평균비용률 산출 결과

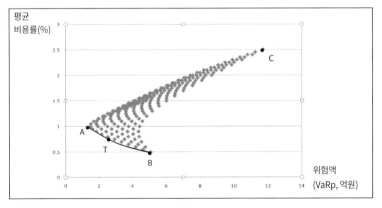

C: 현재 포트폴리오(current Portfolio)

A: 최소위험 포트폴리오

B: 최소비용(최대수익) 포트폴리오

T : 목표 포트폴리오(Target Portfolio)

╲ : 효율적 프런티어라인

<그림43> 시나리오별 포트폴리오 위험과 평균비용률을 사용한 분산 차트

지배이론을 적용하면 최좌측의 평균비용률 1% 포트폴리오와 최하단의 평균비용률 0.5%를 연결하는 우하향 포트폴리오 집단이 바로 효율적 프런티어 라인이다. 효율적 프런티어 상의 포트폴리오는 어느 것이 우월하다 할 수 없다. 즉, 비용률을 낮추자고 우측에 있는 포트폴리오를 선택하면 재무 안정성이 떨어지고, 그 반대 현상도 마찬가지다(Trade-Off.)

산포도상에서 평균비용률이 2.5%인 현재 이 회사의 재무 구조는 최악임을 보여주고, 시나리오상 어떤 포트폴리오(재무구조)를 선택해도, 현재 재무구조보다 비용률과 위험 모든 측면에서 우월하다는 것을 차트는 보여주고 있다.

## 10) 전략 선택 및 의사결정

경제 상식이 있는 사람은 다른 재무구조는 모두 포기하고, 효율적 프런티어 상의 어느 한 포트폴리오를 선정하는 것이 당연하다. 그러나 효율적 프런티어 상의 재무구조들은 서로 상쇄효과가 있어 어느 것이 우월하다고 할 수 없다. 결국은 최고경영자나 이사회의 위험 선호도에 따라 선택하는 문제로 귀결된다.

더 공격적 전략을 추구하는 회사는 비록 리스크나 우발적 손실가능성이 높을지라도 0.5%에 가까운 재무구조(포트폴리오)를 선택할 것이고, 그 반대의 보수적인 경영철학을 가진 회사는 리스크가 최소화될 수 있는 최좌측의 1%대 재무구조를 선택할 것이다.

어떤 선택을 할 지라도, 즉 예를 들면 1% 대 최좌측의 재무구조를 선택할 경우 이 회사는 기존보다 금리를 2.5%에서 1%(100억 차입 시)로 연간 이자 비용을 1억5천만원을 절감할 수 있고, 또 현재 11억을 초과하는 잠재적 손실가능성을 2억 미만으로 줄여 재무 안전성도 높일 수 있다.

실습 사례의 기업은, 불행히도 우리나라 대부분의 회사, 특히 중소기업들이 처한 상황으로, 간단한 과학적 분석에 근거하여 내린 재무 의사결정의 효과가 무시하기에는 너무나 크다는 것을 보여준다.

(실증 사례연구)

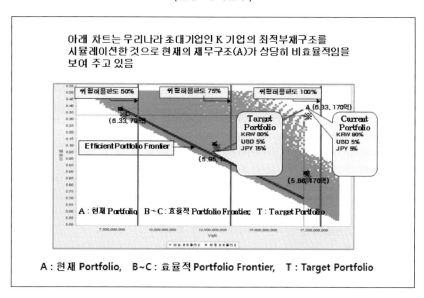

<그림44> 우리나라 K기업 실제 시뮬레이션 결과

# <부록1> 환리스크전략 도출 엑셀 프로세스 모음

이제까지 순서적으로 도출한 분석 엑셀 결과물을 엑셀의 한 시트에 정리했다.

| 종/일 본의(100원) | 종/욕률 | Ln USD | Ln JPY | Ln EUR | STD USD | STD USD | STD USD | 95% 신뢰수준 감안 | | | 보유기간(Holding Period)감안 | | |
|---|---|---|---|---|---|---|---|---|---|---|---|---|---|
| 1,113.44 | 1,378.48 | | | | | | | | | | | | |
| 1,108.34 | 1,365.50 | -0.002561535 | -0.004590922 | -0.0094627 | 0.003815 | 0.0051473 | 0.0050264 | 0.006295 | 0.008493 | 0.008294 | 0.099937 | 0.134823 | 0.1316554 |
| 1,108.79 | 1,362.84 | 0.00283932 | 0.00040593 | -0.00209667 | | | | | | | | | |
| 1,104.90 | 1,357.67 | 0.000429498 | -0.003514488 | -0.0035067 | | | | | | | | | |
| 1,110.18 | 1,366.09 | 0.005054193 | 0.004767331 | 0.006035349 | | | | | | | | | |
| 1,108.58 | 1,361.58 | 0.000170882 | -0.001433227 | -0.00330685 | 상관계수(Correlation) | | | | | | | | |
| 1,112.06 | 1,359.42 | 0.002559728 | 0.003125214 | 0.005741502 | USD/JPY | USD/EUR | JPY/EUR | | | | | | |
| 1,108.48 | 1,370.19 | -0.003414429 | -0.003224446 | 0.000562124 | 0.717191 | 0.6311144 | 0.7309959 | | | | | | |
| 1,100.19 | 1,371.21 | -0.005229535 | -0.007506815 | 0.000598278 | | | | | | | | | |
| 1,098.22 | 1,361.14 | -0.002926747 | -0.001792205 | -0.00722511 | | | | | | | | | |
| 1,096.91 | 1,397.85 | 0.002152853 | -0.001193551 | 0.004924891 | | | | | | | | | |
| 1,094.63 | 1,368.45 | -0.005454098 | -0.002080729 | -0.00109134 | | | | | | | | | |
| 1,090.04 | 1,358.54 | -0.006856178 | -0.004202014 | -0.0072788 | | | | | | | | | |
| 1,089.68 | 1,348.92 | 0.001044477 | -0.000330318 | -0.00489201 | | | | | | | | | |
| 1,089.38 | 1,345.57 | -0.003311261 | -0.000275348 | -0.00327762 | | | | | | | | | |
| 1,080.22 | 1,340.24 | -0.009060573 | -0.002904948 | -0.00411825 | | | | | | | | | |

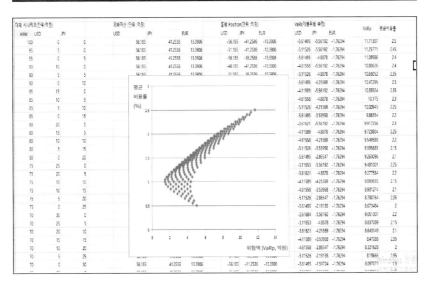

<그림45> 환리스크 전략 수립을 위한 엑셀 도출 총 프로세스

## 2.2 사례 2

● 회사 상황 가정

울산의 K라는 자동차 부품 생산 및 수출 회사가 있다. 이 기업은 해외수출로 인한 외상매출금, 외화예금 등 외화자산으로 USD 5M, JPY 5억엔, 외상매입금 부채로 EUR 1M을 보유하고 있다. 또, 부족한 시설자금을 조달하기 위해 은행에서 100억원을 차입했다(통상적인 회사의 모습이다.)

회사는 차입금 100억원을 시나리오를 생성하여 다양한 통화로 구성된 조달책을 시나리오로 생성해, 환리스크를 방어하고, 차입금 비용을 줄여 수익을 극대화할 수 있는 대체안을 찾는 전략을 강구하고 있다. 그러나, 무역거래에서 기 발생한 포지션은 이미 주어진 조건으로 통제불가능 요인으로 본다. 현재 은행에서 차입 가능 외환은 원화, 엔화, 달러이고 각 통화를 차입할 때 이자율은 아래와 같다고 가정한다.

● 분석 조건

- 과거 환율 데이터: 실습일 기준 과거 6개월 환 종가 데이터
- 측정 방법: 이동평균법(Moving Average, 정규분포 가정)
- 보유기간(Holding Period) 6개월, 신뢰수준 99%, 6개월은 126일로 가정
- 외화자산: USD 5M, JPY 5억엔, 외화부채(외상매입금) EUR 1M, 원화부채: 100억원
- 부채 조달가능 통화 및 이자율: KRW 2.5%, USD 1.5%, JPY 0.5%

• **실습절차**

① 과거 데이터 확보

② 일일 변동률 도출

③ 통화 별 표준편차, 통화간 상관계수 도출

④ 부채 조달 대체 시나리오 생성

⑤ 외화자산과 부채의 포지션 통합

⑥ 개별 위험(VaR) 측정

⑦ 전 시나리오에 대한 포트폴리오 위험측정

⑧ 전 시나리오에 대한 조달 평균 비용률 산출

⑨ 효율적 프런티어 라인 도출

⑩ 전략 선택 및 의사결정

실습절차에 따라 분석을 수행하겠지만, 과거 데이터 확보는 이미 자세히 설명했으므로 ②번 일일변동률부터 시작한다.

② 일일 변동률 도출 : 로그 수익률을 사용

| F3 | | | | $f_x$ | =LN(B2/B3) | | |
|---|---|---|---|---|---|---|---|
| | A | B | C | D | E | F | G | H |
| | 항목명1 | USD | JPY | EUR | | 일일수익율(Ln) | | |
| 2 | 2021/04/07 | 1,122.90 | 1,023.00 | 1,333.16 | | USD | JPY | EUR |
| 3 | 2021/04/06 | 1,127.80 | 1,023.41 | 1,332.50 | | -0.00435 | -0.0004 | 0.000495 |
| 4 | 2021/04/05 | 1,127.50 | 1,018.47 | 1,326.22 | | 0.000266 | 0.004839 | 0.004724 |
| 5 | 2021/04/02 | 1,129.30 | 1,020.88 | 1,330.15 | | -0.0016 | -0.00236 | -0.00296 |
| 6 | 2021/04/01 | 1,132.60 | 1,022.25 | 1,327.97 | | -0.00292 | -0.00134 | 0.00164 |
| 7 | 2021/03/31 | 1,133.50 | 1,027.33 | 1,328.29 | | -0.00079 | -0.00496 | -0.00024 |
| 8 | 2021/03/30 | 1,131.70 | 1,030.04 | 1,331.56 | | 0.001589 | -0.00263 | -0.00246 |
| 9 | 2021/03/29 | 1,131.80 | 1,030.92 | 1,334.28 | | -8.8E-05 | -0.00085 | -0.00204 |

| | F3 | | ▼ | $f_x$ | =LN(B2/B3) | | |
|---|---|---|---|---|---|---|---|
| | A | B | C | D | E | F | G | H |
| 118 | 2020/10/20 | 1,142.20 | 1,083.01 | 1,344.20 | | -0.00219 | -0.00276 | 0.00306 |
| 119 | 2020/10/19 | 1,145.60 | 1,086.70 | 1,341.90 | | -0.00297 | -0.0034 | 0.001713 |
| 120 | 2020/10/16 | 1,144.60 | 1,086.22 | 1,340.04 | | 0.000873 | 0.000442 | 0.001387 |
| 121 | 2020/10/15 | 1,145.70 | 1,089.38 | 1,345.57 | | -0.00096 | -0.0029 | -0.00412 |
| 122 | 2020/10/14 | 1,149.50 | 1,089.68 | 1,349.92 | | -0.00331 | -0.00028 | -0.00323 |
| 123 | 2020/10/13 | 1,148.30 | 1,090.04 | 1,356.54 | | 0.001044 | -0.00033 | -0.00489 |
| 124 | 2020/10/12 | 1,156.20 | 1,094.63 | 1,366.45 | | -0.00686 | -0.0042 | -0.00728 |
| 125 | 2020/10/08 | 1,162.50 | 1,096.91 | 1,367.86 | | -0.00543 | -0.00208 | -0.00103 |

통계적 유의성을 높이기 위해 일일수익률을 로그 수익률로 도출한다. 6
개월 데이터 USD/KRW, JPY/KRW, EUR/KRW 3개 환율을 사용한다

(일일수익률) = LN( $S_t/S_{t-1}$ )


③ 통화 별 표준편차, 통화간 상관계수 도출

| $f_x$ | =STDEV(F3:F125) | | | | | | | | |
|---|---|---|---|---|---|---|---|---|---|
| D | E | F | G | H | I | J | K | L | M |
| EUR | | 일일수익율(Ln) | | | | 통화별표준편차(STDEV) | | | |
| 1,333.16 | | USD | JPY | EUR | | USD | JPY | EUR | |
| 1,332.50 | | -0.00435 | -0.0004 | 0.000495 | | 0.003793 | 0.005149 | 0.004913 | |
| 1,326.22 | | 0.000266 | 0.004839 | 0.004724 | | | | | |
| 1,330.15 | | -0.0016 | -0.00236 | -0.00296 | | | | | |
| 1,327.97 | | -0.00292 | -0.00134 | 0.00164 | | | | | |
| 1,328.29 | | -0.00079 | -0.00496 | -0.00024 | | | | | |
| 1,331.56 | | 0.001589 | -0.00263 | -0.00246 | | | | | |
| 1,334.28 | | -8.8E-05 | -0.00085 | -0.00204 | | | | | |
| 1,335.35 | | -0.00212 | -0.00779 | -0.0008 | | | | | |

‣ 통화별 표준편차 계산

(USD 표준편차)=STDEV(F3:F125)

‣ 상관계수 도출

| $f_x$ | =CORREL(F3:F125,G3:G125) | | | | | | | | |
|---|---|---|---|---|---|---|---|---|---|
| D | E | F | G | H | I | J | K | L |
| EUR | | 일일수익율(Ln) | | | | 통화별표준편차(STDEV) | | |
| 1,333.16 | | USD | JPY | EUR | | USD | JPY | EUR |
| 1,332.50 | | -0.00435 | -0.0004 | 0.000495 | | 0.003793 | 0.005149 | 0.004913 |
| 1,326.22 | | 0.000266 | 0.004839 | 0.004724 | | | | |
| 1,330.15 | | -0.0016 | -0.00236 | -0.00296 | | | | |
| 1,327.97 | | -0.00292 | -0.00134 | 0.00164 | | 통화별상관계수(Correlation) | | |
| 1,328.29 | | -0.00079 | -0.00496 | -0.00024 | | USD,JPY | 0.707317 | |
| 1,331.56 | | 0.001589 | -0.00263 | -0.00246 | | USD,EUR | 0.62583 | |
| 1,334.28 | | -8.8E-05 | -0.00085 | -0.00204 | | JPY,EUR | 0.732679 | |
| 1,335.35 | | -0.00212 | -0.00779 | -0.0008 | | | | |
| 1,339.12 | | 0.000617 | -0.00332 | -0.00282 | | | | |
| 1,336.29 | | 0.004864 | 0.003806 | 0.002116 | | | | |
| 1,350.21 | | -0.00292 | -0.00132 | -0.01036 | | | | |
| 1,345.65 | | -0.00044 | 0.000433 | 0.003383 | | | | |

엑셀 공식처럼 상관계수 공식에 두 통화환율의 짝을 대비해 상관계수를 계산한다.

(상관계수: USD/KRW, USD/JPY)=CORREL(F3:F125,G3:G125)

‣ 다음은 주어진 조건에 따라 신뢰수준 99%, 보유기간(Holding Period) 6개월(126일)의 변동성을 구한다. 통계적으로 변동성은 영업일수 제곱근에 비례한다.

## ④ 부채 조달 대체 시나리오 생성

| $f_x$ | =N3*SQRT(126) | | | | | | | | | | |
|---|---|---|---|---|---|---|---|---|---|---|---|

| I | J | K | L | M | N | O | P | Q | R | S | T | U |
|---|---|---|---|---|---|---|---|---|---|---|---|---|
| | 통화별표준편차(STDEV) | | | | 신뢰수준(99%=2.33) 감안 | | | | 6개월 변동성(126일) | | | |
| | USD | JPY | EUR | | USD | JPY | EUR | | USD | JPY | EUR | |
| | 0.003793 | 0.005149 | 0.004913 | | 0.008839 | 0.011997 | 0.011448 | | 0.099213 | 0.13467 | 0.1285 | |
| | | | | | | | | | | | | |
| | 통화별상관계수(Correlation) | | | | | | | | | | | |
| | USD,JPY | 0.707317 | | | | | | | | | | |
| | USD,EUR | 0.62583 | | | | | | | | | | |
| | JPY,EUR | 0.732679 | | | | | | | | | | |

| D129 | | $f_x$ | =100-B129-C129 |
|---|---|---|---|

| | A | B | C | D | E | F | G |
|---|---|---|---|---|---|---|---|
| 127 | | 부채대체시나리오 | | | | | |
| 128 | | KRW | USD | JPY | | | |
| 129 | | 100 | 0 | 0 | | | |
| 130 | | 95 | 5 | 0 | | | |
| 131 | | 95 | 0 | 5 | | | |
| 132 | | 90 | 10 | 0 | | | |
| 133 | | 90 | 5 | 5 | | | |
| 134 | | 90 | 0 | 10 | | | |
| 135 | | 85 | 15 | 0 | | | |

| D129 | | $f_x$ | =100-B129-C129 |
|---|---|---|---|

| | A | B | C | D | E | F |
|---|---|---|---|---|---|---|
| 349 | | 0 | 50 | 50 | | |
| 350 | | 0 | 45 | 55 | | |
| 351 | | 0 | 40 | 60 | | |
| 352 | | 0 | 35 | 65 | | |
| 353 | | 0 | 30 | 70 | | |
| 354 | | 0 | 25 | 75 | | |
| 355 | | 0 | 20 | 80 | | |
| 356 | | 0 | 15 | 85 | | |
| 357 | | 0 | 10 | 90 | | |
| 358 | | 0 | 5 | 95 | | |
| 359 | | 0 | 0 | 100 | | |
| 360 | | | | | | |

위와 같이 총차입금 100억원을 5%씩 증감시키면 3개 통화로 현 차입금인 원화 100억원을 대체할 시나리오가 231개 생성되었다. 이들 중 환리스크가 미리 정한 목표에 부합하고, 수익률이 제일 높은(비용률이 제일 낮은) 재무구조(전략)을 찾아 내는 것이 다음 단계다.

⑤ 외화자산과 부채의 포지션 통합

이 회사는 원화 차입금 100억원과 외화 외상매입금 1백만 유로가 부채이고, 수출을 통한 5백만 달러와 외상매출금 5억엔이 외화자산이다. 이미 원화차입금 100억원을 대체할 수 있는 시나리오가 생성되어 있으므로, 각 시나리오별 외화자산과 부채를 통합하여 이 회사의 총 환리스크를 계산해 보기로 한다.

| I129 | | | | fx | =500000000*$C$3/100/100000000 | | | |
|---|---|---|---|---|---|---|---|---|
| A | B | C | D | E | F | G | H | I | J |
| | 부채대체시나리오 | | | | 외상매입금 | | 외상매출금 | | |
| | KRW | USD | JPY | | 1백만 EUR | | USD | JPY | |
| | 100 | 0 | 0 | | 13.325 | | 56.39 | 51.1705 | |
| | 95 | 5 | 0 | | 13.325 | | 56.39 | 51.1705 | |
| | 95 | 0 | 5 | | 13.325 | | 56.39 | 51.1705 | |
| | 90 | 10 | 0 | | 13.325 | | 56.39 | 51.1705 | |
| | 90 | 5 | 5 | | 13.325 | | 56.39 | 51.1705 | |
| | 90 | 0 | 10 | | 13.325 | | 56.39 | 51.1705 | |
| | 85 | 15 | 0 | | 13.325 | | 56.39 | 51.1705 | |
| | 85 | 10 | 5 | | 13.325 | | 56.39 | 51.1705 | |
| | 85 | 5 | 10 | | 13.325 | | 56.39 | 51.1705 | |
| | 85 | 0 | 15 | | 13.325 | | 56.39 | 51.1705 | |
| | 80 | 20 | 0 | | 13.325 | | 56.39 | 51.1705 | |

100억원의 차입금이 원화로 되어 있고, 추후 리스크를 통합(Portfolio VaR)하기 위해 각 외화를 최근의 환율(4월7일자)을 곱해서 원화로 환산한 다음 1억원으로 나누어 억 단위로 일치시켰다. JPY에서 100으로 다시 나눈 이유는 앞에서 설명한 것처럼 엔 환율이 100엔당으로 표기되어서 1엔

당으로 조정한 것이다.

다음은 환리스크를 구하기 위해서 통화 별로 자산과 부채를 상쇄하는 작업을 수행한다. 상쇄는 어느 방식으로 해도 좋으나, 엑셀의 위치 편의상 (부채-자산)으로 한다.

| | K129 | | | | $f_x$ | =C129-H129 | | | | | |
|---|---|---|---|---|---|---|---|---|---|---|---|---|
| | B | C | D | E | F | G | H | I | J | K | L | M |
| 127 | 부채대체시나리오 | | | | 외상매입금 | | 외상매출금 | | | 통합 Position | | |
| 128 | KRW | USD | JPY | | 1백만 EUR | | USD | JPY | | USD | JPY | EUR |
| 129 | 100 | 0 | 0 | | 13.325 | | 56.39 | 51.1705 | | -56.39 | -51.1705 | 13.325 |
| 130 | 95 | 5 | 0 | | 13.325 | | 56.39 | 51.1705 | | -51.39 | -51.1705 | 13.325 |
| 131 | 95 | 0 | 5 | | 13.325 | | 56.39 | 51.1705 | | -56.39 | -46.1705 | 13.325 |
| 132 | 90 | 10 | 0 | | 13.325 | | 56.39 | 51.1705 | | -46.39 | -51.1705 | 13.325 |
| 133 | 90 | 5 | 5 | | 13.325 | | 56.39 | 51.1705 | | -51.39 | -46.1705 | 13.325 |
| 134 | 90 | 0 | 10 | | 13.325 | | 56.39 | 51.1705 | | -56.39 | -41.1705 | 13.325 |
| 135 | 85 | 15 | 0 | | 13.325 | | 56.39 | 51.1705 | | -41.39 | -51.1705 | 13.325 |
| 136 | 85 | 10 | 5 | | 13.325 | | 56.39 | 51.1705 | | -46.39 | -46.1705 | 13.325 |
| 137 | 85 | 5 | 10 | | 13.325 | | 56.39 | 51.1705 | | -51.39 | -41.1705 | 13.325 |
| 138 | 85 | 0 | 15 | | 13.325 | | 56.39 | 51.1705 | | -56.39 | -36.1705 | 13.325 |
| 139 | 80 | 20 | 0 | | 13.325 | | 56.39 | 51.1705 | | -36.39 | -51.1705 | 13.325 |

⑥ 개별 위험(VaR) 측정

(개별위험)= (위험량: Risk Exposure)×(변동성)

| | Q279 | | | | $f_x$ | =M279*$T$3 | | | |
|---|---|---|---|---|---|---|---|---|---|
| | J | K | L | M | N | O | P | Q | |
| 127 | | 통합 Position | | | | 개별위험 VaRi | | | |
| 128 | | USD | JPY | EUR | | USD | JPY | EUR | |
| 129 | | -56.39 | -51.1705 | 13.325 | | -5.59462 | -6.89111 | 1.712266 | |
| 130 | | -51.39 | -51.1705 | 13.325 | | -5.09856 | -6.89111 | 1.712266 | |
| 131 | | -56.39 | -46.1705 | 13.325 | | -5.59462 | -6.21776 | 1.712266 | |
| 132 | | -46.39 | -51.1705 | 13.325 | | -4.60249 | -6.89111 | 1.712266 | |
| 133 | | -51.39 | -46.1705 | 13.325 | | -5.09856 | -6.21776 | 1.712266 | |
| 134 | | -56.39 | -41.1705 | 13.325 | | -5.59462 | -5.54442 | 1.712266 | |
| 135 | | -41.39 | -51.1705 | 13.325 | | -4.10643 | -6.89111 | 1.712266 | |
| 136 | | -46.39 | -46.1705 | 13.325 | | -4.60249 | -6.21776 | 1.712266 | |
| 137 | | -51.39 | -41.1705 | 13.325 | | -5.09856 | -5.54442 | 1.712266 | |
| 138 | | -56.39 | -36.1705 | 13.325 | | -5.59462 | -4.87107 | 1.712266 | |
| 139 | | -36.39 | -51.1705 | 13.325 | | -3.61036 | -6.89111 | 1.712266 | |

| | O359 | | | $f_x$ | =K359*$R$3 | | | |
|---|---|---|---|---|---|---|---|---|
| | J | K | L | M | N | O | P | Q | R |
| 349 | | -6.39 | -1.1705 | 13.325 | | -0.63397 | -0.15763 | 1.712266 | |
| 350 | | -11.39 | 3.8295 | 13.325 | | -1.13004 | 0.515717 | 1.712266 | |
| 351 | | -16.39 | 8.8295 | 13.325 | | -1.6261 | 1.189065 | 1.712266 | |
| 352 | | -21.39 | 13.8295 | 13.325 | | -2.12217 | 1.862414 | 1.712266 | |
| 353 | | -26.39 | 18.8295 | 13.325 | | -2.61823 | 2.535762 | 1.712266 | |
| 354 | | -31.39 | 23.8295 | 13.325 | | -3.1143 | 3.20911 | 1.712266 | |
| 355 | | -36.39 | 28.8295 | 13.325 | | -3.61036 | 3.882458 | 1.712266 | |
| 356 | | -41.39 | 33.8295 | 13.325 | | -4.10643 | 4.555806 | 1.712266 | |
| 357 | | -46.39 | 38.8295 | 13.325 | | -4.60249 | 5.229154 | 1.712266 | |
| 358 | | -51.39 | 43.8295 | 13.325 | | -5.09856 | 5.902503 | 1.712266 | |
| 359 | | -56.39 | 48.8295 | 13.325 | | -5.59462 | 6.575851 | 1.712266 | |

⑦ 전 시나리오에 대한 포트폴리오 위험측정

각각의 시나리오에 대해 VaRp(통합위험, Portfolio Risk)를 구하는 공식은 다음과 같다

$$\text{VaRp} = \sqrt{(\Sigma, \Sigma(\text{VaRi} \times \text{VaRj} \times r\text{ij})}$$

| | S129 | | | $f_x$ | =SQRT(O129*O129+P129*P129+Q129*Q129+2*O129*P129*$K$7+2*O129*Q129*$K$8+2*P129*Q129*$K$9) | | | | | | |
|---|---|---|---|---|---|---|---|---|---|---|---|---|
| | J | K | L | M | N | O | P | Q | R | S | T | U | V | W |
| 126 | | | | | | | | | | | | | | |
| 127 | | 통합 Position | | | | 개별위험 VaRI | | | | VaRp | | | | |
| 128 | | USD | JPY | EUR | | USD | JPY | EUR | | | | | | |
| 129 | | -56.39 | -51.1705 | 13.325 | | -5.59462 | -6.89111 | 1.712266 | | 10.34297 | | | | |
| 130 | | -51.39 | -51.1705 | 13.325 | | -5.09856 | -6.89111 | 1.712266 | | 9.894437 | | | | |
| 131 | | -56.39 | -46.1705 | 13.325 | | -5.59462 | -6.21776 | 1.712266 | | 9.721657 | | | | |
| 132 | | -46.39 | -51.1705 | 13.325 | | -4.60249 | -6.89111 | 1.712266 | | 9.450653 | | | | |
| 133 | | -51.39 | -46.1705 | 13.325 | | -5.09856 | -6.21776 | 1.712266 | | 9.268546 | | | | |
| 134 | | -56.39 | -41.1705 | 13.325 | | -5.59462 | -5.54442 | 1.712266 | | 9.107741 | | | | |
| 135 | | -41.39 | -51.1705 | 13.325 | | -4.10643 | -6.89111 | 1.712266 | | 9.012323 | | | | |
| 136 | | -46.39 | -46.1705 | 13.325 | | -4.60249 | -6.21776 | 1.712266 | | 8.820058 | | | | |

| | S359 | | | $f_x$ | =SQRT(O359*O359+P359*P359+Q359*Q359+2*O359*P359*$K$7+2*O359*Q359*$K$8+2*P359*Q359*$K$9) | | | | | | |
|---|---|---|---|---|---|---|---|---|---|---|---|---|
| | J | K | L | M | N | O | P | Q | R | S | T | U | V | W |
| 351 | | -16.39 | 8.8295 | 13.325 | | -1.6261 | 1.189065 | 1.712266 | | 1.937298 | | | | |
| 352 | | -21.39 | 13.8295 | 13.325 | | -2.12217 | 1.862414 | 1.712266 | | 2.331881 | | | | |
| 353 | | -26.39 | 18.8295 | 13.325 | | -2.61823 | 2.535762 | 1.712266 | | 2.752476 | | | | |
| 354 | | -31.39 | 23.8295 | 13.325 | | -3.1143 | 3.20911 | 1.712266 | | 3.188807 | | | | |
| 355 | | -36.39 | 28.8295 | 13.325 | | -3.61036 | 3.882458 | 1.712266 | | 3.635213 | | | | |
| 356 | | -41.39 | 33.8295 | 13.325 | | -4.10643 | 4.555806 | 1.712266 | | 4.088393 | | | | |
| 357 | | -46.39 | 38.8295 | 13.325 | | -4.60249 | 5.229154 | 1.712266 | | 4.546324 | | | | |
| 358 | | -51.39 | 43.8295 | 13.325 | | -5.09856 | 5.902503 | 1.712266 | | 5.007701 | | | | |
| 359 | | -56.39 | 48.8295 | 13.325 | | -5.59462 | 6.575851 | 1.712266 | | 5.471654 | | | | |
| 360 | | | | | | | | | | | | | | |
| 361 | | | | | | | | | | | | | | |

⑧ 전 시나리노에 대한 조달 평균 비용률 산출

평균비용률은 각 통화의 이자비용률을 그 금액에 가중 평균한 것이다.

(평균 비용률)= $\Sigma(Ri \times$ 차입액)

비용률 가정은 KRW 2.5%, USD 1.5%, JPY 0.5%이다.

| | T129 | | $f_x$ | =(B129*2.5+C129*1.5+D129*0.5)/100 | | | | |
|---|---|---|---|---|---|---|---|---|
| | M | N | O | P | Q | R | S | T |
| 127 | | | 개별위험 VaRi | | | | VaRp | 평균비용율 |
| 128 | EUR | | USD | JPY | EUR | | | |
| 129 | 13.325 | | -5.59462 | -6.89111 | 1.712266 | | 10.34297 | 2.5 |
| 130 | 13.325 | | -5.09856 | -6.89111 | 1.712266 | | 9.894437 | 2.45 |
| 131 | 13.325 | | -5.59462 | -6.21776 | 1.712266 | | 9.721657 | 2.4 |
| 132 | 13.325 | | -4.60249 | -6.89111 | 1.712266 | | 9.450653 | 2.4 |
| 133 | 13.325 | | -5.09856 | -6.21776 | 1.712266 | | 9.268546 | 2.35 |
| 134 | 13.325 | | -5.59462 | -5.54442 | 1.712266 | | 9.107741 | 2.3 |
| 135 | 13.325 | | -4.10643 | -6.89111 | 1.712266 | | 9.012323 | 2.35 |
| 136 | 13.325 | | -4.60249 | -6.21776 | 1.712266 | | 8.820058 | 2.3 |
| 137 | 13.325 | | -5.09856 | -5.54442 | 1.712266 | | 8.649786 | 2.25 |
| 138 | 13.325 | | -5.59462 | -4.87107 | 1.712266 | | 8.502828 | 2.2 |
| 139 | 13.325 | | -3.61036 | -6.89111 | 1.712266 | | 8.580282 | 2.3 |

⑨ 효율적 프런티어 라인 도출

위에서도 설명했듯이 지배이론을 만족한 시나리오 집단을 연결한 선을
효율적 프런티어 라인이라 한다. 위에서 예와 같이 VaRp와 평균비용률의
분산형 차트를 이용하기로 한다

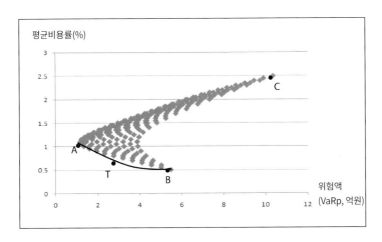

C: 현재 포트폴리오(current Portfolio)

A: 최소위험 포트폴리오

B: 최소비용(최대수익) 포트폴리오

T : 목표 포트폴리오(Target Portfolio)

〰️ : 효율적 프런티어라인


지배이론을 만족시키는 포트폴리오집단은 좌측 꼭지점에서 위험량이 6억에 못 미치는 우하향 아래의 가장자리 집단이고 이것을 연결하는 선이 효율적 프런티어 라인이다.

최좌측 꼭지점에 해당하는 시나리오는 조달형태가 KRW 15억원, USD 30억원, JPY 55억원으로서 리스크량 1.2억원, 평균조달율 1.15%이다.

현재 이 기업은 리스크량 10억원, 평균조달비용 2.5%이다. 즉 이것이 의미하는 바는 재무건전성이 88% 높아지고 동시에 연 이자비용이 1.35억원 절감된다는 것이다. 물론 효율적 프런티어 라인 위에 있는 0.5% 포트폴리오를 선택할 수 있다. 그러나 전자의 포트폴리오보다 위험이 약 5배 이상

커지게 된다. 그럼 효율적 프런티어 라인 위에서 어떤 점을 선택해야 할 것인가? 이것은 각 포트폴리오 중 어떤 것이 절대적으로 우월하다 말 할 수 없으므로 선택의 문제이다. 최고경영자의 리스크 선호도 등이 이때 적용된다. 목표가 수익 추구적이냐, 재무 건정성 추구적이냐에 따라 달려 있다. 수익위주이면 우하향의 효율적 포트폴리오 선에서 비용률이 0.5%에 가까운 재무전략을 선택할 것이고, 더 보수적 접근을 원하는 최고경영자는 좌측 꼭 지점에 가까운 전략을 택할 것이다.

## <부록2> 환리스크전략 도출 엑셀 프로세스 모음

이제까지 순서적으로 도출한 분석 엑셀 결과물을 엑셀 한 시트에 정리했다

| | 변환 | USD | JPY | EUR | 일일수익률(LN) | | | 통화별 표준편차(STDEV) | | | 신뢰수준(99%,2.33) | | | 보유기간(6개월) 126영업일수 | | |
|---|---|---|---|---|---|---|---|---|---|---|---|---|---|---|---|---|
| 1 | | | | | USD | JPY | EUR | USD | JPY | EUR | USD | JPY | EUR | USD | JPY | EUR |
| 2 | 2021/04/0 | 1,122.90 | 1,023.00 | 1,333.16 | | | | | | | | | | | | |
| 3 | 2021/04/0 | 1,127.80 | 1,023.41 | 1,332.50 | -0.004354 | -0.0004 | 0.0004952 | 0.003793 | 0.005149 | 0.004913 | 0.008839 | 0.011997 | 0.011448 | 0.099213 | 0.13467 | 0.1285003 |
| 4 | 2021/04/0 | 1,127.50 | 1,018.47 | 1,326.22 | 0.000266 | 0.004839 | 0.0047241 | | | | | | | | | |
| 5 | 2021/04/0 | 1,129.30 | 1,020.88 | 1,330.15 | -0.001595 | -0.00236 | -0.002959 | | | | | | | | | |
| 6 | 2021/04/0 | 1,132.60 | 1,022.25 | 1,327.97 | -0.002918 | -0.00134 | 0.0016403 | | | | | | | | | |
| 7 | 2021/03/3 | 1,133.50 | 1,027.33 | 1,328.29 | -0.000794 | -0.00496 | -0.000241 | 상관계수(correlation) | | | | | | | | |
| 8 | 2021/03/2 | 1,131.70 | 1,030.04 | 1,331.56 | 0.0015893 | -0.00263 | -0.002459 | USD/JPY | 0.707317 | | | | | | | |
| 9 | 2021/03/2 | 1,131.80 | 1,030.92 | 1,334.28 | -8.84E-05 | -0.00085 | -0.002041 | USD/EUR | 0.62583 | | | | | | | |
| 10 | 2021/03/2 | 1,134.20 | 1,038.98 | 1,335.35 | -0.002118 | -0.00779 | -0.000802 | JPY/EUR | 0.732679 | | | | | | | |
| 11 | 2021/03/2 | 1,133.60 | 1,042.44 | 1,339.12 | 0.0006174 | -0.00332 | -0.002819 | | | | | | | | | |
| 12 | 2021/03/2 | 1,128.00 | 1,038.48 | 1,336.29 | 0.004864 | 0.003806 | 0.0021156 | | | | | | | | | |
| 13 | 2021/03/2 | 1,131.30 | 1,039.85 | 1,350.21 | -0.002921 | -0.00132 | -0.010363 | | | | | | | | | |
| 14 | 2021/03/2 | 1,131.80 | 1,039.40 | 1,346.66 | -0.000442 | 0.000433 | 0.003383 | | | | | | | | | |
| 15 | 2021/03/1 | 1,123.70 | 1,031.34 | 1,339.06 | 0.0071825 | 0.007785 | 0.0049093 | | | | | | | | | |
| 16 | 2021/03/1 | 1,131.80 | 1,039.92 | 1,356.12 | -0.007182 | -0.00828 | -0.01266 | | | | | | | | | |
| 17 | 2021/03/1 | 1,132.50 | 1,039.04 | 1,348.13 | -0.000618 | 0.000847 | 0.0059092 | | | | | | | | | |
| 18 | 2021/03/1 | 1,135.90 | 1,040.82 | 1,354.67 | -0.002998 | -0.00171 | -0.004839 | | | | | | | | | |
| 19 | 2021/03/1 | 1,130.70 | 1,038.15 | 1,351.41 | 0.0045894 | 0.004497 | 0.0024094 | | | | | | | | | |
| 20 | 2021/03/1 | 1,137.30 | 1,047.58 | 1,362.94 | -0.00582 | -0.01097 | -0.008496 | | | | | | | | | |
| 21 | 2021/03/1 | 1,140.70 | 1,051.97 | 1,360.57 | -0.002985 | -0.00418 | 0.0017404 | | | | | | | | | |

| | 부채조달 대체 시나리오 | | | 외상매입금 | 외상매출금 | | 통합 포지션 | | | 개별위험 VaRi | | | VaRp | 평균비용률 |
|---|---|---|---|---|---|---|---|---|---|---|---|---|---|---|
| 124 | 2020/10/1 | 1,166.20 | 1,094.63 | 1,366.45 | -0.006856 | -0.0042 | -0.007279 | | | | | | | |
| 125 | 2020/10/0 | 1,162.50 | 1,096.91 | 1,367.86 | -0.005434 | -0.00208 | -0.01031 | | | | | | | |
| 126 | | | | | | | | | | | | | | |
| 127 | | KRW | USD | JPY | | USD | JPY | USD | JPY | EUR | USD | JPY | EUR | |
| 128 | | | | | | | | | | | | | | |
| 129 | 100 | 0 | 0 | 13.3316 | 56.145 | 51.15 | -56.145 | -51.15 | 13.3316 | -5.57031 | -6.88835 | 1.713114 | 10.31777 | 2.5 |
| 130 | 95 | 5 | 0 | 13.3316 | 56.145 | 51.15 | -51.145 | -51.15 | 13.3316 | -5.07425 | -6.88835 | 1.713114 | 9.869436 | 2.45 |
| 131 | 95 | 0 | 5 | 13.3316 | 56.145 | 51.15 | 56.145 | -51.15 | 13.3316 | -6.215 | -6.88835 | 1.713114 | 9.696269 | 2.4 |
| 132 | 90 | 10 | 0 | 13.3316 | | | | | | | -6.88835 | 1.713114 | 9.425885 | 2.4 |
| 133 | 90 | 5 | 5 | 13.3316 | | | | | | | -6.215 | 1.713114 | 9.243351 | 2.35 |
| 134 | 90 | 0 | 10 | 13.3316 | | | | | | | -5.54166 | 1.713114 | 9.082163 | 2.3 |
| 135 | 85 | 15 | 0 | 13.3316 | | | | | | | -6.88835 | 1.713114 | 8.987826 | 2.35 |
| 136 | 85 | 10 | 5 | 13.3316 | | | | | | | -6.215 | 1.713114 | 8.79509 | 2.3 |
| 137 | 85 | 5 | 10 | 13.3316 | | | | | | | -5.54166 | 1.713114 | 8.62439 | 2.25 |
| 138 | 85 | 0 | 15 | 13.3316 | | | | | | | -4.86831 | 1.713114 | 8.477056 | 2.2 |
| 139 | 80 | 20 | 0 | 13.3316 | | | | | | | -6.88835 | 1.713114 | 8.556102 | 2.3 |
| 140 | 80 | 15 | 5 | 13.3316 | | | | | | | -6.215 | 1.713114 | 8.352235 | 2.25 |
| 141 | 80 | 10 | 10 | 13.3316 | | | | | | | -5.54166 | 1.713114 | 8.171089 | 2.2 |
| 142 | 80 | 5 | 15 | 13.3316 | | | | | | | -4.86831 | 1.713114 | 8.014204 | 2.15 |
| 143 | 80 | 0 | 20 | 13.3316 | | | | | | | -4.19496 | 1.713114 | 7.889029 | 2.1 |
| 144 | 75 | 25 | 0 | 13.3316 | | | | | | | -6.88835 | 1.713114 | 8.131722 | 2.25 |
| 145 | 75 | 20 | 5 | 13.3316 | | | | | | | -6.215 | 1.713114 | 7.915694 | 2.2 |
| 146 | 75 | 15 | 10 | 13.3316 | | | | | | | -5.54166 | 1.713114 | 7.723046 | 2.15 |
| 147 | 75 | 10 | 15 | 13.3316 | | | | | | | -4.86831 | 1.713114 | 7.555566 | 2.1 |
| 148 | 75 | 5 | 20 | 13.3316 | | | | | | | -4.19496 | 1.713114 | 7.414959 | 2.05 |
| 149 | 75 | 0 | 25 | 13.3316 | 56.145 | 51.15 | -56.145 | -26.15 | 13.3316 | -5.57031 | -3.52161 | 1.713114 | 7.302779 | 2 |
| 150 | 70 | 30 | 0 | 13.3316 | 56.145 | 51.15 | -26.145 | -51.15 | 13.3316 | -2.59392 | -6.88835 | 1.713114 | 7.715898 | 2.2 |

평균비용률(%)

위험액
(VaRp, 억원)

## 2.3 사례 3

• 회사 상황 가정

울산의 K라는 자동차 부품 생산 및 수출 회사가 있다. 이 기업은 해외수출로 인한 외상매출금, 외화예금 등 외화자산으로 USD 4M, JPY 5억엔, EUR 1M을 보유하고 있다. 또, 부족한 시설자금을 조달하기 위해 은행에서 100억원을 차입했다(통상적인 회사의 모습이다.)

회사는 차입금 100억원을 시나리오를 생성하여 다양한 통화로 구성된 조달책을 시나리오로 생성해, 환리스크를 방어하고, 차입금 비용을 줄여 수익을 극대화할 수 있는 대체안을 찾는 전략을 강구하고 있다.

그러나 무역거래에서 기 발생한 포지션은 이미 주어진 조건으로 통제불가능 요인으로 본다. 현재 은행에서 차입 가능 외환은 원화, 엔화, 달러, 유로이고 각 통화를 차입할 때 이자율은 아래와 같다고 가정한다

• 분석 조건

- 과거 환율 데이터: 실습일 기준 과거 12개월 환 종가 데이터
- 측정 방법: 이동평균법(Moving Average, 정규분포 가정)
- 보유기간(Holding Period) 6개월, 신뢰수준 99%, 6개월은 126일로 가정
- 외화자산: USD 4M, JPY 5억엔, EUR 1M, 원화부채: 100억원
- 부채 조달가능 통화 및 이자율: KRW 2.5%, USD 1.5%, JPY 0.5%, EUR 1%

• 실습절차

　　① 과거 데이터 확보

　　② 일일 변동률 도출

③ 통화 별 표준편차, 통화간 상관계수 도출

④ 부채 조달 대체 시나리오 생성

⑤ 외화자산과 부채의 포지션 통합

⑥ 개별 위험(VaR) 측정

⑦ 전 시나리오에 대한 포트폴리오 위험측정

⑧ 전 시나리오에 대한 조달 평균 비용률 산출

⑨ 효율적 프런티어 라인 도출

⑩ 전략 선택 및 의사결정


실습절차에 따라 분석을 수행하겠지만, 과거 데이터 확보 및 변동성 도출은 이미 설명했으므로 ④ 부채 조달 대체 시나리오 생성부터 시작한다.

이제까지는 원화차입금 100억원을 대체할 수 있는 시나리오 변수를 외화 USD, JPY로 했지만 이번 실습에서는 EUR을 추가하여, KRW까지 포함하여 시나리오 변수가 4개가 된다. 시나리오 변수가 하나 늘어남에 따라, 시나리오 개수는 기하급수적으로 늘어난다. 위에서 우리는 시나리오를 231개 생성하여 분석을 하였다. 이번에는 변수 1개의 추가 영향을 살펴보고, 동시에 최적 재무 전략을 탐구해 보자.

앞의 사례와 같이 한국은행 홈페이지에서 세통화의 데이터 확보, 일일변
동률, 신뢰수준, 보유기간(Holding Period)를 감안한 6개월의 변동성을
기 도출하였다. 그러면 시나리오 변수(즉, 원화 차입금을 대체할 수 있는 통
화)로 EUR을 추가하여 새로운 시나리오를 생성해 보자.

④ 부채 조달 대체 시나리오 생성

총 차입금이 100억이므로 마지막 변수는 100억에서 각 통화의 배정액을
차감해 자동 산출되도록 한다.

| | 자금조달에 대한 시나리오 생성 | | | |
|---|---|---|---|---|
| 128 | KRW | USD | JPY | EUR |
| 129 | 100 | 0 | 0 | 0 |
| 130 | 95 | 5 | 0 | 0 |
| 131 | 95 | 0 | 0 | 5 |
| 132 | 95 | 0 | 5 | 0 |
| 133 | 90 | 10 | 0 | 0 |
| 134 | 90 | 5 | 5 | 0 |
| 135 | 90 | 5 | 0 | 5 |
| 136 | 90 | 0 | 10 | 0 |
| 137 | 90 | 0 | 5 | 5 |
| 138 | 90 | 0 | 0 | 10 |

| | | | | |
|---|---|---|---|---|
| 354 | 25 | 40 | 15 | 20 |
| 355 | 25 | 40 | 10 | 25 |
| 356 | 25 | 40 | 5 | 30 |
| 357 | 25 | 40 | 0 | 35 |
| 358 | 25 | 35 | 40 | 0 |
| 359 | 25 | 35 | 35 | 5 |
| 360 | 25 | 35 | 30 | 10 |
| 361 | 25 | 35 | 25 | 15 |
| 362 | 25 | 35 | 20 | 20 |
| 363 | 25 | 35 | 15 | 25 |
| 364 | 25 | 35 | 10 | 30 |
| 365 | 25 | 35 | 5 | 35 |
| 366 | 25 | 35 | 0 | 40 |
| 367 | 25 | 30 | 45 | 0 |

| 1901 | 0 | 0 | 55 | 45 |
|------|---|---|----|-----|
| 1902 | 0 | 0 | 50 | 50 |
| 1903 | 0 | 0 | 45 | 55 |
| 1904 | 0 | 0 | 40 | 60 |
| 1905 | 0 | 0 | 35 | 65 |
| 1906 | 0 | 0 | 30 | 70 |
| 1907 | 0 | 0 | 25 | 75 |
| 1908 | 0 | 0 | 20 | 80 |
| 1909 | 0 | 0 | 15 | 85 |
| 1910 | 0 | 0 | 10 | 90 |
| 1911 | 0 | 0 | 5 | 95 |
| 1912 | 0 | 0 | 0 | 100 |

현재의 원화 차입금 100억에 대한 대체 시나리오가 1,784개 생성되었다. 변수가 3개일 때는 시나리오가 231개였던 것이, EUR 한개의 변수가 추가됨으로써 1,784개로 늘어난 것이다.

이렇듯 변수가 늘어날수록 시나리오 개수가 기하급수적으로 늘어, 다변수 분석은 이러한 시뮬레이션 방법론으로는 불가능하다. 따라서 다변수의 경우 통계적 기법을 달리하여, 효율적 프런티어 라인만을 구성하는 이차계획법(Quadratic Programming)을 사용한다.

다만 환리스크에서 조달통화의 개수가 한정되므로, 웬만한 회사 구조에서는 이러한 방법을 사용하여도 전략도출은 거의 충족될 것이다.

<참고사항> 변수의 수에 따른 효과적 분석 방법론

분석 방법론은 시뮬레이션(Simulation)법과 더불어 이차 계획법 (Quadratic Programming)을 고려할 수 있는데 각각의 장단점은 다음과 같다.

| 방법 | Simulation 법 | Quadratic Programming |
|---|---|---|
| 내용 | 현재 재무구조를 대체할 수 있는 무수한 시나리오를 생성한 후, 지배이론을 적용하여 효율적 프런티어를 도출하여 분석 | 비용(수익)률을 제약식으로 하고 위험(분산)을 목적함수로 하는 이차방정식을 이차 계획법을 통해 최소화하여 직접적으로 효율적 프런티어를 생성하여 분석 |
| 장점 | - 이해하기 쉬움<br>- 다양한 조건들의 반영 용이 | - 신속하게 결과 도출<br>- 시스템 부하가 없음<br>- 다양한 변수들을 반영하여 분석의 정밀성을 높임<br>- 시나리오 생성 규모에 제한이 없음 |
| 단점 | - 분석구조의 단순화 불가피<br>- 시뮬레이션을 위한 시나리오 생성규모 및 분석 금융변수의 수에 제약이 따름 | - 주어진 조건들을 수식화하여 분석에 반영하기가 어려움<br>- 이해하기가 난해하고, 다양한 포트폴리오 역검색이 어려움 |

⑤ 외화자산과 부채의 포지션 통합

외화자산과 부채를 통합하기 위해서, 외화부채는 시나리오에서 생성되었으므로, 외화자산(외화 외상매출금)을 집계한다. 이때에 시나리오가 억원단위로 산출되었고, 추후 통합 위험(VaRp)를 구하기 위해서라도 억 단위 원화로 계산한다. 특히 JPY는 환율이 100엔 당이므로, 산식에서 100으로 나누어야 하며, 통합 포지션은 각각 통화별로 외화부채(시나리오)-외화자산으로 계산한다.

이때에 외화 자산은 시나리오 변수가 아니므로(주어진 조건, Given Condition), 각 통화별로 같은 금액을 모든 시나리오에 배정한다. 환율은 최근 환율을 적용하기로 한다.

| | K129 | | $f_x$ =C129-G129 | | | | | | | | | |
|---|---|---|---|---|---|---|---|---|---|---|---|---|
| | B | C | D | E | F | G | H | I | J | K | L | M |
| 124 | 1.156.20 | 1.094.63 | 1.366.45 | | -0.0068562 | -0.004202 | -0.0072788 | | | | | |
| 125 | 1.162.50 | 1.096.91 | 1.367.86 | | -0.0054341 | -0.0020807 | -0.00103134 | | | | | |
| 126 | | | | | | | | | | | | |
| 127 | 자금조달에 대한 시나리오 생성 | | | | | 외화자산 집계 | | | | 통합 Position | | |
| 128 | KRW | USD | JPY | EUR | | USD | JPY | EUR | | USD | JPY | EUR |
| 129 | 100 | 0 | 0 | 0 | | 44.916 | 51.15 | 13.3316 | | -44.916 | -51.15 | -13.3316 |
| 130 | 95 | 5 | 0 | 0 | | 44.916 | 51.15 | 13.3316 | | -39.916 | -51.15 | -13.3316 |
| 131 | 95 | 0 | 0 | 5 | | 44.916 | 51.15 | 13.3316 | | -44.916 | -51.15 | -8.3316 |
| 132 | 95 | 0 | 5 | 0 | | 44.916 | 51.15 | 13.3316 | | -44.916 | -46.15 | -13.3316 |
| 133 | 90 | 10 | 0 | 0 | | 44.916 | 51.15 | 13.3316 | | -34.916 | -51.15 | -13.3316 |
| 134 | 90 | 5 | 5 | 0 | | 44.916 | 51.15 | 13.3316 | | -39.916 | -46.15 | -13.3316 |
| 135 | 90 | 5 | 0 | 5 | | 44.916 | 51.15 | 13.3316 | | -39.916 | -51.15 | -8.3316 |
| 136 | 90 | 0 | 10 | 0 | | 44.916 | 51.15 | 13.3316 | | -44.916 | -41.15 | -13.3316 |
| 137 | 90 | 0 | 5 | 5 | | 44.916 | 51.15 | 13.3316 | | -44.916 | -46.15 | -8.3316 |
| 138 | 90 | 0 | 0 | 10 | | 44.916 | 51.15 | 13.3316 | | -44.916 | -51.15 | -3.3316 |
| 139 | 85 | 15 | 0 | 0 | | 44.916 | 51.15 | 13.3316 | | -29.916 | -51.15 | -13.3316 |
| 140 | 85 | 10 | 5 | 0 | | 44.916 | 51.15 | 13.3316 | | -34.916 | -46.15 | -13.3316 |

외화 자산을 억 단위 원화로 환산하여 같은 금액을 각 시나리오에 배정했다.

| | G129 | | $f_x$ =4000000*$B$2/100000000 | | | | | | |
|---|---|---|---|---|---|---|---|---|---|
| | A | B | C | D | E | F | G | H | I |
| 126 | | | | | | | | | |
| 127 | | 자금조달에 대한 시나리오 생성 | | | | | 외화자산 집계 | | |
| 128 | | KRW | USD | JPY | EUR | | USD | JPY | EUR |
| 129 | | 100 | 0 | 0 | 0 | | 44.916 | 51.15 | 13.3316 |
| 130 | | 95 | 5 | 0 | 0 | | 44.916 | 51.15 | 13.3316 |
| 131 | | 95 | 0 | 0 | 5 | | 44.916 | 51.15 | 13.3316 |
| 132 | | 95 | 0 | 5 | 0 | | 44.916 | 51.15 | 13.3316 |
| 133 | | 90 | 10 | 0 | 0 | | 44.916 | 51.15 | 13.3316 |
| 134 | | 90 | 5 | 5 | 0 | | 44.916 | 51.15 | 13.3316 |
| 135 | | 90 | 5 | 0 | 5 | | 44.916 | 51.15 | 13.3316 |
| 136 | | 90 | 0 | 10 | 0 | | 44.916 | 51.15 | 13.3316 |
| 137 | | 90 | 0 | 5 | 5 | | 44.916 | 51.15 | 13.3316 |
| 138 | | 90 | 0 | 0 | 10 | | 44.916 | 51.15 | 13.3316 |
| 139 | | 85 | 15 | 0 | 0 | | 44.916 | 51.15 | 13.3316 |
| 140 | | 85 | 10 | 5 | 0 | | 44.916 | 51.15 | 13.3316 |

즉 차입금 조달 시나리오에서 외화사산(외화 외상매출금)을 빼서 통합 포지션을 도출하였다.

⑥ 개별 위험(VaR) 측정

통화별 개별위험(VaRi)은 다음 공식을 적용한다.

VaRi = (통합, Net Position) × (변동성)

변동성은 6개월 보유기간에 신뢰수준 99%를 적용한다.

| | O129 | | | $f_x$ =K129*$R$3 | | | | | | |
|---|---|---|---|---|---|---|---|---|---|---|
| | H | I | J | K | L | M | N | O | P | Q |
| 125 | -0.00103134 | | | | | | | | | |
| 126 | | | | | | | | | | |
| 127 | 계 | | | 통합 Position | | | | 개별위험(VaRi) 계산 | | |
| 128 | JPY | EUR | | USD | JPY | EUR | | USD | JPY | EUR |
| 129 | 51.15 | 13.3316 | | -44.916 | -51.15 | -13.3316 | | -4.45625 | -6.88835 | -1.71311 |
| 130 | 51.15 | 13.3316 | | -39.916 | -51.15 | -13.3316 | | -3.96019 | -6.88835 | -1.71311 |
| 131 | 51.15 | 13.3316 | | -44.916 | -51.15 | -8.3316 | | -4.45625 | -6.88835 | -1.07061 |
| 132 | 51.15 | 13.3316 | | -44.916 | -46.15 | -13.3316 | | -4.45625 | -6.215 | -1.71311 |
| 133 | 51.15 | 13.3316 | | -34.916 | -51.15 | -13.3316 | | -3.46412 | -6.88835 | -1.71311 |
| 134 | 51.15 | 13.3316 | | -39.916 | -46.15 | -13.3316 | | -3.96019 | -6.215 | -1.71311 |
| 135 | 51.15 | 13.3316 | | -39.916 | -51.15 | -8.3316 | | -3.96019 | -6.88835 | -1.07061 |
| 136 | 51.15 | 13.3316 | | -44.916 | -41.15 | -13.3316 | | -4.45625 | -5.54166 | -1.71311 |
| 137 | 51.15 | 13.3316 | | -44.916 | -46.15 | -8.3316 | | -4.45625 | -6.215 | -1.07061 |
| 138 | 51.15 | 13.3316 | | -44.916 | -51.15 | -3.3316 | | -4.45625 | -6.88835 | -0.42811 |
| 139 | 51.15 | 13.3316 | | -29.916 | -51.15 | -13.3316 | | -2.96806 | -6.88835 | -1.71311 |

| | O129 | | | $f_x$ =K129*$R$3 | | | | | | |
|---|---|---|---|---|---|---|---|---|---|---|
| | H | I | J | K | L | M | N | O | P | Q |
| 1901 | 51.15 | 13.3316 | | -44.916 | 3.85 | 31.6684 | | -4.45625 | 0.518478 | 4.069398 |
| 1902 | 51.15 | 13.3316 | | -44.916 | -1.15 | 36.6684 | | -4.45625 | -0.15487 | 4.711899 |
| 1903 | 51.15 | 13.3316 | | -44.916 | -6.15 | 41.6684 | | -4.45625 | -0.82822 | 5.3544 |
| 1904 | 51.15 | 13.3316 | | -44.916 | -11.15 | 46.6684 | | -4.45625 | -1.50157 | 5.996902 |
| 1905 | 51.15 | 13.3316 | | -44.916 | -16.15 | 51.6684 | | -4.45625 | -2.17491 | 6.639403 |
| 1906 | 51.15 | 13.3316 | | -44.916 | -21.15 | 56.6684 | | -4.45625 | -2.84826 | 7.281904 |
| 1907 | 51.15 | 13.3316 | | -44.916 | -26.15 | 61.6684 | | -4.45625 | -3.52161 | 7.924405 |
| 1908 | 51.15 | 13.3316 | | -44.916 | -31.15 | 66.6684 | | -4.45625 | -4.19496 | 8.566907 |
| 1909 | 51.15 | 13.3316 | | -44.916 | -36.15 | 71.6684 | | -4.45625 | -4.86831 | 9.209408 |
| 1910 | 51.15 | 13.3316 | | -44.916 | -41.15 | 76.6684 | | -4.45625 | -5.54166 | 9.851909 |
| 1911 | 51.15 | 13.3316 | | -44.916 | -46.15 | 81.6684 | | -4.45625 | -6.215 | 10.49441 |
| 1912 | 51.15 | 13.3316 | | -44.916 | -51.15 | 86.6684 | | -4.45625 | -6.88835 | 11.13691 |

위 공식에 따라 1,784개의 시나리오별 개별 위험을 계산했다.

⑦ 전 시나리오에 대한 포트폴리오 위험측정

각각의 시나리오에 대해 VaRp(통합위험, Portfolio Risk)를 구하는 공식은 다음과 같다

$$VaRp = \sqrt{(\Sigma, \Sigma(VaRi \times VaRj \times rij)}$$

| | | | | fx | =SQRT(O129*O129+P129*P129+Q129*Q129+2*O129*P129*$K$7+2*O129*Q129*$K$8+2*P129*Q129*$K$9) | | | | |
|---|---|---|---|---|---|---|---|---|---|
| O | P | Q | R | S | T | U | V | W | X | Y |
| USD | JPY | EUR | | VaRp | | | | | | |
| -4.45625 | -6.88835 | -1.71311 | | 11.85384 | | | | | | |
| -3.96019 | -6.88835 | -1.71311 | | 11.42107 | | | | | | |
| -4.45625 | -6.88835 | -1.07061 | | 11.34266 | | | | | | |
| -4.45625 | -6.215 | -1.71311 | | 11.21407 | | | | | | |
| -3.46412 | -6.88835 | -1.71311 | | 10.99365 | | | | | | |
| -3.96019 | -6.215 | -1.71311 | | 10.77753 | | | | | | |
| -3.96019 | -6.88835 | -1.07061 | | 10.9079 | | | | | | |
| -4.45625 | -5.54166 | -1.71311 | | 10.57846 | | | | | | |
| -4.45625 | -6.215 | -1.07061 | | 10.70195 | | | | | | |
| -4.45625 | -6.88835 | -0.42811 | | 10.84546 | | | | | | |
| -2.96806 | -6.88835 | -1.71311 | | 10.57223 | | | | | | |
| -3.46412 | -6.215 | -1.71311 | | 10.34636 | | | | | | |
| -3.46412 | -6.88835 | -1.07061 | | 10.47858 | | | | | | |

⑧ 전 시나리오에 대한 조달 평균 비용률 산출

평균비용률은 각 통화의 이자비용률에 그 금액을 가중 평균한 것이다

 (평균비용률)= $\Sigma$(Ri × 차입액)

비용률은 KRW 2.5%, USD 1.5%, JPY 0.5%, EUR 1.0%로 가정했다.

| | T129 | | ▼ | fx | =(B129*2.5+C129*1.5+D129*0.5+E129*1)/100 | | | | |
|---|---|---|---|---|---|---|---|---|---|
| | K | L | M | N | O | P | Q | R | S | T |
| 125 | | | | | | | | | | |
| 126 | | | | | | | | | | |
| 127 | 통합 Position | | | | 개별위험(VaRi) 계산 | | | | VaRp | 평균비용율 |
| 128 | USD | JPY | EUR | | USD | JPY | EUR | | | |
| 129 | -44.916 | -51.15 | -13.3316 | | -4.45625 | -6.88835 | -1.71311 | | 11.85384 | 2.5 |
| 130 | -39.916 | -51.15 | -13.3316 | | -3.96019 | -6.88835 | -1.71311 | | 11.42107 | 2.45 |
| 131 | -44.916 | -51.15 | -8.3316 | | -4.45625 | -6.88835 | -1.07061 | | 11.34266 | 2.425 |
| 132 | -44.916 | -46.15 | -13.3316 | | -4.45625 | -6.215 | -1.71311 | | 11.21407 | 2.4 |
| 133 | -34.916 | -51.15 | -13.3316 | | -3.46412 | -6.88835 | -1.71311 | | 10.99365 | 2.4 |
| 134 | -39.916 | -46.15 | -13.3316 | | -3.96019 | -6.215 | -1.71311 | | 10.77753 | 2.35 |
| 135 | -39.916 | -51.15 | -8.3316 | | -3.96019 | -6.88835 | -1.07061 | | 10.9079 | 2.375 |
| 136 | -44.916 | -41.15 | -13.3316 | | -4.45625 | -5.54166 | -1.71311 | | 10.57846 | 2.3 |
| 137 | -44.916 | -46.15 | -8.3316 | | -4.45625 | -6.215 | -1.07061 | | 10.70195 | 2.325 |
| 138 | -44.916 | -51.15 | -3.3316 | | -4.45625 | -6.88835 | -0.42811 | | 10.84546 | 2.35 |
| 139 | -29.916 | -51.15 | -13.3316 | | -2.96806 | -6.88835 | -1.71311 | | 10.57223 | 2.35 |

⑨ 효율적 프런티어 라인 도출

위에서도 상술했듯이 지배이론을 만족한 시나리오 집단을 연결한 선을 효율적 프런티어라인이라 한다. 위에서 예와 같이 VaRp와 평균비용률의 분산형 차트를 이용하기로 한다. 분산형 차트를 이용하면 시각적으로 의사결정에 도움이 된다.

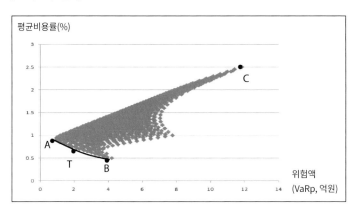

C: 현재 포트폴리오(current Portfolio)

A: 최소위험 포트폴리오

B: 최소비용(최대수익) 포트폴리오

T : 목표 포트폴리오(Target Portfolio)

　　　　 : 효율적 프런티어라인

최좌측 꼭지점에서 위험액이 약 4억에 이르고 평균비용률이 0.5%인 시나리오까지 연결하는 우하향 곡선이 효율적 프런티어 라인이다.

시나리오 개수가 늘어날 수록 보다 밀집도가 큰 차트를 도출할 수 있다.

이 회사의 경우 현재의 위험액(VaRp)은 약 12억 평균조달비용률이

2.5%인 재무구조를 가지고 있다. 실습조건에 따르면 이 회사가 현재의 100억원의 원화 차입금을 엔차입금으로 모두 전환한다면 차입비용률을 2%절감하여, 연간 2억원의 금리 경감에 의한 수익 창출이 가능하고, 우발적 위험 가능성도 12억에서 약 4억으로 낮아져 재정건전성이 거의 70% 높아지는 것이다.

최좌측 꼭지점의 시나리오로 현재 재무구조를 바꾼다면 이자율 1.0%, 위험액은 1억원이다. 따라서 현재 재무구조와 비교해서 재무건전성은 92%가 높아지고, 차입금 비용도 100억원 1.5%, 즉 연간 1억5천만원에 이를 것이다.

이 책에서 다룬 실습조건 중, 재무구조는 대부분의 중소기업이 비슷하다. 수출기업이 자금이 부족하면 은행에서 원화를 차입하는 것이다. 우리는 이제까지 약간의 자금구조 변경이 얼마 만한 효과를 가져오는지 3개의 사례를 통해 보았다.

우리나라의 모든 기업이 이 책의 작은 교훈을 통해 "돈 버는 환리스크 관리"를 하기 바란다.

# <부록3> 환리스크전략 도출 엑셀 프로세스 모음

이제까지 순서적으로 도출한 분석 엑셀 결과물을 엑셀 한 시트에 정리했다

| | USD | JPY | EUR | | 일일수익율(Ln) | | | | 통화별표준편차(STDEV) | | | | 신뢰수준(99%=2.33) 감안 | | | | 6개월 변동성(126일) | | |
|---|---|---|---|---|---|---|---|---|---|---|---|---|---|---|---|---|---|---|---|
| | 1,122.90 | 1,023.00 | 1,333.19 | | USD | JPY | EUR | | USD | JPY | EUR | | USD | JPY | EUR | | USD | JPY | EUR |
| | 1,127.80 | 1,023.41 | 1,332.50 | | -0.0043542 | -0.0004007 | 0.000495187 | | 0.003793 | 0.005149 | 0.004913 | | 0.008839 | 0.011997 | 0.011448 | | 0.099213 | 0.13467 | 0.12850026 |
| | 1,127.50 | 1,018.47 | 1,328.22 | | 0.000266 | 0.0048387 | 0.004724087 | | | | | | | | | | | | |
| | 1,129.30 | 1,020.88 | 1,330.16 | | -0.0015952 | -0.0023635 | -0.00295893 | | | | | | | | | | | | |
| | 1,132.60 | 1,022.25 | 1,327.97 | | -0.0029179 | -0.0013411 | 0.001640257 | | 통화별상관계수(Correlation) | | | | | | | | | | |
| | 1,132.50 | 1,027.33 | 1,328.29 | | -0.0007943 | 0.0049571 | -0.00024094 | | USD.JPY | 0.707317 | | | | | | | | | |
| | 1,131.70 | 1,030.04 | 1,331.56 | | 0.0015893 | -0.0026344 | -0.00245879 | | USD.EUR | 0.62583 | | | | | | | | | |
| | 1,131.60 | 1,030.92 | 1,334.28 | | -8.836E-05 | -0.000854 | -0.00204063 | | JPY.EUR | 0.732679 | | | | | | | | | |
| | 1,134.20 | 1,038.96 | 1,335.36 | | -0.0021183 | -0.0077879 | -0.00080161 | | | | | | | | | | | | |
| | 1,133.50 | 1,042.44 | 1,339.12 | | 0.0006174 | -0.0033247 | -0.00281925 | | | | | | | | | | | | |
| | 1,128.00 | 1,038.48 | 1,336.29 | | 0.004864 | 0.003806 | 0.002115564 | | | | | | | | | | | | |
| | 1,131.30 | 1,039.86 | 1,350.21 | | -0.0029213 | -0.0013184 | -0.01036302 | | | | | | | | | | | | |
| | 1,131.60 | 1,039.40 | 1,346.65 | | -0.0004419 | 0.0004328 | 0.033382968 | | | | | | | | | | | | |
| | 1,123.70 | 1,031.34 | 1,339.06 | | 0.0071825 | 0.0077847 | 0.004909292 | | | | | | | | | | | | |
| | 1,131.80 | 1,039.92 | 1,356.12 | | -0.0071825 | -0.0082849 | -0.01265981 | | | | | | | | | | | | |
| | 1,122.50 | 1,039.04 | 1,348.13 | | -0.0006183 | 0.0008466 | 0.005909234 | | | | | | | | | | | | |

| 자금조달에 대한 시나리오 생성 | | | | | 외화자산 집계 | | | 통합 Position | | | 개별위험(VaR0) 계산 | | | VaRp | 평균비용율 |
|---|---|---|---|---|---|---|---|---|---|---|---|---|---|---|---|
| KRW | USD | JPY | EUR | | USD | JPY | EUR | USD | JPY | EUR | USD | JPY | EUR | | |
| 100 | 0 | 0 | 0 | | 44.916 | 51.15 | 13.3316 | -44.916 | -51.15 | -13.3316 | -4.45625 | -6.88835 | -1.71311 | 11.85384 | 2.5 |
| 95 | 5 | 0 | 0 | | 44.916 | 51.15 | 13.3316 | -39.916 | -51.15 | -13.3316 | -3.96019 | -6.88835 | -1.71311 | 11.42107 | 2.45 |
| 95 | 0 | 0 | 5 | | 44.916 | 51.15 | 13.3316 | -44.916 | -51.15 | -1.07061 | -4.45625 | -6.88835 | -1.07061 | 11.32266 | 2.425 |
| 95 | 0 | 5 | 0 | | 44.916 | 51.15 | 13.3316 | -44.916 | -46.15 | -13.3316 | -4.45625 | -6.215 | -1.71311 | 11.21407 | 2.4 |
| 90 | 10 | 0 | 0 | | 44.916 | 51.15 | 13.3316 | -34.916 | -51.15 | -13.3316 | -3.46412 | -6.88835 | -1.71311 | 10.99365 | 2.4 |
| 90 | 5 | 5 | 0 | | 44.916 | 51.15 | 13.3316 | -39.916 | -46.15 | -13.3316 | -3.96019 | -6.215 | -1.71311 | 10.77753 | 2.35 |
| 90 | 5 | 0 | 5 | | 44.91 | 51.15 | 13.3316 | -39.916 | -51.15 | -1.07061 | -3.96019 | -6.88835 | -1.07061 | 10.9079 | 2.375 |
| 90 | 0 | 5 | 5 | | 44.91 | | | | | | | -5.54166 | -1.71311 | 10.57846 | 2.3 |
| 90 | 0 | 0 | 5 | | 44.91 | | | | | | | -6.215 | -1.07061 | 10.70195 | 2.35 |
| 90 | 0 | 0 | 10 | | 44.91 | | | | | | | -6.88835 | -0.42811 | 10.84546 | 2.35 |
| 85 | 15 | 0 | 0 | | 44.91 | | | | | | | -6.88835 | -1.71311 | 10.57223 | 2.35 |
| 85 | 10 | 5 | 0 | | 44.91 | | | | | | | -6.215 | -1.71311 | 10.34636 | 2.3 |
| 85 | 10 | 0 | 5 | | 44.91 | | | | | | | -6.88835 | -1.07061 | 10.47858 | 2.325 |
| 85 | 5 | 10 | 0 | | 44.91 | | | | | | | -5.54166 | -1.71311 | 10.13786 | 2.25 |
| 85 | 5 | 5 | 5 | | 44.91 | | | | | | | -6.215 | -1.07061 | 10.26306 | 2.275 |
| 85 | 5 | 0 | 10 | | 44.91 | | | | | | | -6.88835 | -0.42811 | 10.40909 | 2.3 |
| 85 | 0 | 15 | 0 | | 44.91 | | | | | | | -4.86831 | -1.71311 | 9.947829 | 2.2 |
| 85 | 0 | 10 | 5 | | 44.91 | | | | | | | -5.54166 | -1.07061 | 10.0655 | 2.225 |
| 85 | 0 | 5 | 10 | | 44.91 | | | | | | | -6.215 | -0.42811 | 10.20459 | 2.25 |
| 85 | 0 | 0 | 15 | | 44.91 | | | | | | | -6.88835 | 0.21439 | 10.36425 | 2.275 |
| 80 | 20 | 0 | 0 | | 44.91 | | | | | | | -6.215 | -1.71311 | 10.15755 | 2.3 |
| 80 | 15 | 5 | 0 | | 44.91 | | | | | | | -6.215 | -1.71311 | 9.921266 | 2.25 |
| 80 | 15 | 0 | 5 | | 44.91 | | | | | | | -6.88835 | -1.07061 | 10.05541 | 2.275 |
| 80 | 10 | 10 | 0 | | 44.91 | | | | | | | -5.54166 | -1.71311 | 9.702618 | 2.2 |

별 첨

$$f(z) = \frac{1}{\sqrt{2\pi}} \int_0^x e^{-\frac{1}{2}z^2} dz$$

| $z$ | 0.00 | 0.01 | 0.02 | 0.03 | 0.04 | 0.05 | 0.06 | 0.07 | 0.08 | 0.09 |
|-----|------|------|------|------|------|------|------|------|------|------|
| 0.0 | .0000 | .0040 | .0080 | .0120 | .0160 | .0199 | .0239 | .0279 | .0319 | .0359 |
| 0.1 | .0398 | .0438 | .0478 | .0517 | .0557 | .0596 | .0636 | .0675 | .0714 | .0753 |
| 0.2 | .0793 | .0832 | .0871 | .0910 | .0948 | .0987 | .1026 | .1064 | .1103 | .1141 |
| 0.3 | .1179 | .1217 | .1255 | .1293 | .1331 | .1368 | .1406 | .1443 | .1480 | .1517 |
| 0.4 | .1554 | .1591 | .1628 | .1664 | .1700 | .1736 | .1772 | .1808 | .1844 | .1879 |
| 0.5 | .1915 | .1950 | .1985 | .2019 | .2054 | .2088 | .2123 | .2157 | .2190 | .2224 |
| 0.6 | .2257 | .2291 | .2324 | .2357 | .2389 | .2422 | .2454 | .2486 | .2518 | .2549 |
| 0.7 | .2580 | .2611 | .2642 | .2673 | .2704 | .2734 | .2764 | .2794 | .2823 | .2852 |
| 0.8 | .2881 | .2910 | .2939 | .2967 | .2995 | .3023 | .3051 | .3078 | .3106 | .3133 |
| 0.9 | .3159 | .3186 | .3212 | .3238 | .3264 | .3289 | .3315 | .3340 | .3365 | .3389 |
| 1.0 | .3413 | .3438 | .3461 | .3485 | .3508 | .3531 | .3554 | .3577 | .3599 | .3621 |
| 1.1 | .3643 | .3665 | .3686 | .3708 | .3729 | .3749 | .3770 | .3790 | .3810 | .3830 |
| 1.2 | .3849 | .3869 | .3888 | .3907 | .3925 | .3944 | .3962 | .3980 | .3997 | .4015 |
| 1.3 | .4032 | .4049 | .4066 | .4082 | .4099 | .4115 | .4131 | .4147 | .4162 | .4177 |
| 1.4 | .4192 | .4207 | .4222 | .4236 | .4251 | .4265 | .4279 | .4292 | .4306 | .4319 |
| 1.5 | .4332 | .4345 | .4357 | .4370 | .4382 | .4394 | .4406 | .4418 | .4429 | .4441 |

| 1.6 | .4452 | .4463 | .4474 | .4484 | .4495 | .4505 | .4515 | .4525 | .4535 | .4545 |
| 1.7 | .4554 | .4564 | .4573 | .4582 | .4591 | .4599 | .4608 | .4616 | .4625 | .4633 |
| 1.8 | .4641 | .4649 | .4656 | .4664 | .4671 | .4678 | .4686 | .4693 | .4699 | .4706 |
| 1.9 | .4713 | .4719 | .4726 | .4732 | .4738 | .4744 | .4750 | .4756 | .4761 | .4767 |
| 2.0 | .4772 | .4778 | .4783 | .4788 | .4793 | .4798 | .4803 | .4808 | .4812 | .4817 |
| 2.1 | .4821 | .4826 | .4830 | .4834 | .4838 | .4842 | .4846 | .4850 | .4854 | .4857 |
| 2.2 | .4861 | .4864 | .4868 | .4871 | .4875 | .4878 | .4881 | .4884 | .4887 | .4890 |
| 2.3 | .4893 | .4896 | .4898 | .4901 | .4904 | .4906 | .4909 | .4911 | .4913 | .4916 |
| 2.4 | .4918 | .4920 | .4922 | .4925 | .4927 | .4929 | .4931 | .4932 | .4934 | .4936 |
| 2.5 | .4938 | .4940 | .4941 | .4943 | .4945 | .4946 | .4948 | .4949 | .4951 | .4952 |
| 2.6 | .4953 | .4955 | .4956 | .4957 | .4959 | .4960 | .4961 | .4962 | .4963 | .4964 |
| 2.7 | .4965 | .4966 | .4967 | .4968 | .4969 | .4970 | .4971 | .4972 | .4973 | .4974 |
| 2.8 | .4974 | .4975 | .4976 | .4977 | .4977 | .4978 | .4979 | .4980 | .4980 | .4981 |
| 2.9 | .4981 | .4982 | .4983 | .4983 | .4984 | .4984 | .4985 | .4985 | .4986 | .4986 |
| 3.0 | .4987 | .4987 | .4987 | .4988 | .4988 | .4989 | .4989 | .4989 | .4990 | .4990 |

# 보도자료

2021년 4월 22일 공보 2021-04-17호

이 자료는 4월 23일(금) 석간부터 취급하여 주십시오. 단, 통신/방송/인터넷 매체는 4월 23일(금) 06:00 이후부터 취급 가능

제 목 : 2021년 1/4분기중 외국환은행의 외환거래 동향

□ 2021년 1/4분기중 외국환은행의 일평균 외환거래(현물환 및 외환파생상품 거래) 규모는 609.4억달러*로 전분기(505.0억달러) 대비 104.4억달러(+20.7%) 증가

　　* 2008년 통계 개편 이후 최대치

　o 현물환(245.4억달러, +44.0억달러) 및 외환파생상품(364.0억달러, +60.4억달러) 모두 거래규모가 확대

"자세한 내용은 '붙임' 참조"

문의처 : 국제국 자본이동분석팀 과장 유희준, 팀장 윤경수
　　　　< Tel > 759-5862, 5773　　< Fax > 759-5771
　　　　< E-mail > bokdfai@bok.or.kr
공보관 : < Tel > 759-4015, 4016

"한국은행 보도자료는 인터넷(http://www.bok.or.kr)에도 수록되어 있습니다."

한국은행
THE BANK OF KOREA

(붙임)

# 2021년 1/4분기중 외국환은행의 외환거래 동향

□ 2021년 1/4분기중 외국환은행의 **일평균 외환거래**(현물환 및 외환파생상품 거래) 규모는 **609.4억달러**로 전분기(505.0억달러) 대비 **104.4억달러**(+20.7%) **증가**

o 수출입 규모 확대, 거주자 및 외국인의 증권투자 증가 등으로 외환거래 가 늘어난 데 기인

|  | (억달러, 기간중) | |
|---|---|---|
|  | 20.4분기 | 21.1분기 |
| ■ 수출입 규모[1] (관세청 수출입통계) | 2,655.8 | 2,825.9 |
| ■ 국내 투자자의 외화증권 결제액[2] (한국예탁결제원 SEIBro) | 898.8 | 1,575.6 |
| ■ 외국인의 국내 증권투자 | 38.6 | 108.2 |

주: 1) 수출금액+수입금액    2) 매도금액+매수금액

― 상품별로는 **현물환** 거래규모가 **245.4억달러**로 전분기 대비 **44.0억달러**(+21.8%) 증가하였으며, **외환파생상품** 거래규모는 **364.0억달러**로 전분기 대비 **60.4억달러**(+19.9%) **증가**

― 은행별로는 **국내은행**의 거래규모가 **275.9억달러**로 전분기 대비 **35.3억달러**(+14.7%) 증가하였으며, **외은지점**의 거래규모는 **333.5억달러**로 전분기 대비 **69.1억달러**(+26.1%) **증가**

### 외국환은행의 외환거래규모[1]

(억달러)

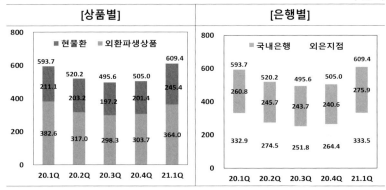

주: 1) 분기중 일평균 총거래규모(매입+매도)

□ **(현물환)** 2021년 1/4분기중 **현물환 거래규모**(일평균)는 **245.4억달러**
로 전분기 대비 **44.0억달러**(+21.8%) 증가

o 통화별로는 **원/달러 거래**(185.4억달러)가 **39.4억달러**(+27.0%) 증가

o 은행별로는 **국내은행의 거래**(129.5억달러)가 **17.4억달러**(+15.5%) 증가
하고 **외은지점의 거래**(115.9억달러)는 **26.6억달러**(+29.7%) 증가

o 거래상대방별로는 **외국환은행간 거래**(105.3억달러), **외국환은행의 국내
고객**(73.4억달러) 및 **비거주자**(66.6억달러)와의 거래가 각각 **16.5억달러**
(+18.6%), **11.8억달러**(+19.2%) 및 **15.7억달러**(+30.7%) 증가

### 외국환은행의 현물환[1] 거래규모

(일평균, 억달러, %)

| | | 2019 | 2020 | 1/4 | 2/4 | 3/4 | 4/4(A) | 2021. 1/4(B) | B-A (증감률) |
|---|---|---|---|---|---|---|---|---|---|
| **전 체** | | 198.3 | 203.2 | 211.1 | 203.2 | 197.2 | 201.4 | 245.4 | 44.0 (+21.8) |
| **통화별** | KRW/USD | 137.6 | 147.2 | 157.6 | 148.3 | 137.2 | 146.0 | 185.4 | 39.4 (+27.0) |
| | KRW/기타통화 | 30.0 | 29.5 | 25.8 | 29.0 | 33.1 | 30.1 | 27.7 | -2.4 (-8.1) |
| | KRW/CNY[2] | 23.6 | 22.9 | 19.2 | 22.8 | 26.9 | 22.4 | 19.8 | -2.7 (-11.9) |
| | JPY/USD | 6.8 | 5.3 | 7.8 | 5.8 | 4.0 | 3.6 | 4.3 | 0.6 (+17.3) |
| | USD/EUR | 10.1 | 10.0 | 9.1 | 8.3 | 11.2 | 11.5 | 13.0 | 1.4 (+12.3) |
| | 기타 | 13.9 | 11.1 | 10.9 | 11.8 | 11.8 | 10.1 | 15.0 | 5.0 (+49.7) |
| **은행별** | 국내은행 | 110.2 | 113.6 | 112.4 | 113.7 | 116.2 | 112.1 | 129.5 | 17.4 (+15.5) |
| | 외은지점 | 88.0 | 89.6 | 98.6 | 89.5 | 81.1 | 89.3 | 115.9 | 26.6 (+29.7) |
| **거래상대방별** | 외국환은행간[3] | 96.1 | 92.5 | 95.1 | 95.2 | 91.0 | 88.8 | 105.3 | 16.5 (+18.6) |
| | 국내고객[4] | 53.9 | 61.6 | 62.9 | 60.7 | 61.0 | 61.6 | 73.4 | 11.8 (+19.2) |
| | 비거주자[5] | 48.3 | 49.1 | 53.1 | 47.3 | 45.2 | 51.0 | 66.6 | 15.7 (+30.7) |

주 : 1) 계약일로부터 2영업일 이내에 외환의 인수도(결제)가 이루어지는 거래
2) 역외 위안화(CNH)를 포함(2015년부터 집계)
3) 외국환은행간의 거래, "(매수+매도)/2" 기준
4) 외국환은행과 국내 비은행금융기관, 기업, 개인 등 국내고객간 거래
5) 외국환은행과 해외금융기관 및 해외고객간 거래

□ **(외환파생상품)** 2021년 1/4분기중 **외환파생상품 거래규모**(일평균)는 **364.0억달러**로 전분기 대비 **60.4억달러**(+19.9%) **증가**

o **선물환 거래**(113.7억달러)는 NDF거래를 중심으로 전분기 대비 **21.5 억달러**(+23.3%) **증가**

o **외환스왑 거래**(236.6억달러)는 외국인의 국내채권 투자 관련 헤지수요* 등으로 전분기 대비 **34.9억달러**(+17.3%) **증가**

    * 외국인 채권자금 유출입규모 : 20.4분기 –8.5억달러 → 21.1분기 +186.6억달러

### 외국환은행의 외환파생상품 거래규모

(일평균, 억달러, %)

| | | 2019 | 2020 | 1/4 | 2/4 | 3/4 | 4/4(A) | 2021. 1/4(B) | B-A (증감률) |
|---|---|---|---|---|---|---|---|---|---|
| | 전 체 | 359.4 | 325.2 | 382.6 | 317.0 | 298.3 | 303.7 | 364.0 | 60.4 (+19.9) |
| 상품별 | 선 물 환[1] | 119.9 | 99.2 | 126.2 | 93.1 | 85.7 | 92.2 | 113.7 | 21.5 (+23.3) |
| | NDF | 99.9 | 79.8 | 105.3 | 74.8 | 67.7 | 71.8 | 89.3 | 17.5 (+24.4) |
| | 외환스왑[2] | 226.2 | 213.4 | 241.5 | 210.2 | 200.4 | 201.7 | 236.6 | 34.9 (+17.3) |
| | 통화스왑[3] | 11.1 | 10.4 | 11.8 | 11.4 | 10.3 | 8.0 | 11.6 | 3.6 (+44.2) |
| | 통화옵션[4] | 2.3 | 2.3 | 3.1 | 2.4 | 1.9 | 1.7 | 2.1 | 0.4 (+25.7) |
| 통화별 | KRW/USD | 304.3 | 268.7 | 324.1 | 266.1 | 239.8 | 245.9 | 298.0 | 52.0 (+21.2) |
| | KRW/기타통화 | 7.2 | 7.4 | 8.3 | 7.5 | 6.8 | 7.1 | 8.0 | 0.9 (+13.3) |
| | KRW/CNY[5] | 0.3 | 0.3 | 0.3 | 0.2 | 0.3 | 0.3 | 0.3 | -0.0 (-9.3) |
| | JPY/USD | 8.3 | 7.4 | 8.0 | 6.3 | 7.8 | 7.7 | 9.1 | 1.4 (+18.6) |
| | USD/EUR | 15.8 | 19.9 | 18.9 | 17.6 | 21.4 | 21.7 | 24.5 | 2.8 (+12.8) |
| | 기타 | 23.9 | 21.7 | 23.2 | 19.6 | 22.6 | 21.3 | 24.5 | 3.2 (+15.1) |
| 은행별 | 국내은행 | 150.6 | 134.1 | 148.3 | 132.1 | 127.6 | 128.6 | 146.5 | 17.9 (+13.9) |
| | 외은지점 | 208.9 | 191.1 | 234.3 | 185.0 | 170.7 | 175.1 | 217.6 | 42.5 (+24.3) |
| 거래상대방별 | 외국환은행간 | 146.1 | 130.0 | 146.8 | 132.3 | 118.3 | 123.0 | 140.5 | 17.5 (+14.3) |
| | 국내고객 | 69.3 | 67.8 | 80.7 | 63.9 | 63.0 | 63.8 | 75.9 | 12.0 (+18.9) |
| | 비거주자 | 144.0 | 127.4 | 155.1 | 120.8 | 117.0 | 116.9 | 147.7 | 30.8 (+26.3) |

주 : 1) 계약일로부터 일정기간 경과 후 미래의 특정일에 외환의 인수도(결제)가 이루어지는 거래
    2) 거래 양 당사자가 현재의 계약환율에 따라 서로 다른 통화를 교환하고, 계약시 통화간 이자율차가 반영된 선물환율에 따라 일정기간 후 원금을 재교환하는 거래
    3) 거래 양 당사자가 현재의 계약환율에 따라 서로 다른 통화를 교환하고, 계약기간동안 상대통화의 이자를 교환한 후 만기시점에 당초의 원금을 재교환하는 거래
    4) 미래의 특정시점에 특정통화를 미리 약정한 가격으로 사거나 팔 수 있는 권리를 매매하는 거래
    5) 역외 위안화(CNH)를 포함(2015년부터 집계)

<참고>

# 부문별 외환거래규모 동향

## □ 은행별 외환거래규모

(일평균, 억달러, %)

| | 2019 | 2020 | 1/4 | 2/4 | 3/4 | 4/4(A) | 2021.1/4(B) | B-A (증감률) | |
|---|---|---|---|---|---|---|---|---|---|
| 국 내 은 행 | 260.8 | 247.7 | 260.8 | 245.7 | 243.7 | 240.6 | 275.9 | 35.3 | (+14.7) |
| 　현 물 환 | 110.2 | 113.6 | 112.4 | 113.7 | 116.2 | 112.1 | 129.5 | 17.4 | (+15.5) |
| 　외환파생 | 150.6 | 134.1 | 148.3 | 132.1 | 127.6 | 128.6 | 146.5 | 17.9 | (+13.9) |
| 외 은 지 점 | 296.9 | 280.7 | 332.9 | 274.5 | 251.8 | 264.4 | 333.5 | 69.1 | (+26.1) |
| 　현 물 환 | 88.0 | 89.6 | 98.6 | 89.5 | 81.1 | 89.3 | 115.9 | 26.6 | (+29.7) |
| 　외환파생 | 208.9 | 191.1 | 234.3 | 185.0 | 170.7 | 175.1 | 217.6 | 42.5 | (+24.3) |
| 합　　계 | 557.7 | 528.4 | 593.7 | 520.2 | 495.6 | 505.0 | 609.4 | 104.4 | (+20.7) |

## □ 거래상대방별 외환거래규모

(일평균, 억달러, %)

| | 2019 | 2020 | 1/4 | 2/4 | 3/4 | 4/4(A) | 2021.1/4(B) | B-A (증감률) | |
|---|---|---|---|---|---|---|---|---|---|
| 외국환은행간[1] | 242.2 | 222.5 | 241.9 | 227.5 | 209.2 | 211.8 | 245.8 | 34.0 | (+16.1) |
| 　현 물 환 | 96.1 | 92.5 | 95.1 | 95.2 | 91.0 | 88.8 | 105.3 | 16.5 | (+18.6) |
| 　선 물 환 | 15.2 | 13.1 | 14.2 | 11.7 | 13.1 | 13.4 | 12.6 | -0.8 | (-6.2) |
| 　외환스왑 | 126.0 | 112.2 | 127.4 | 115.8 | 100.5 | 105.4 | 122.1 | 16.7 | (+15.9) |
| 　통화스왑 | 4.7 | 4.6 | 5.1 | 4.7 | 4.5 | 4.2 | 5.7 | 1.6 | (+38.1) |
| 　통화옵션 | 0.1 | 0.1 | 0.2 | 0.1 | 0.1 | 0.1 | 0.1 | 0.1 | (+125.0) |
| 국 내 고 객[2] | 123.2 | 129.4 | 143.6 | 124.6 | 124.1 | 125.4 | 149.3 | 23.9 | (+19.0) |
| 　현 물 환 | 53.9 | 61.6 | 62.9 | 60.7 | 61.0 | 61.6 | 73.4 | 11.8 | (+19.2) |
| 　선 물 환 | 16.6 | 14.6 | 17.8 | 13.5 | 13.0 | 14.1 | 18.3 | 4.2 | (+29.8) |
| 　외환스왑 | 47.3 | 48.4 | 56.8 | 45.2 | 45.4 | 46.4 | 53.0 | 6.6 | (+14.3) |
| 　통화스왑 | 4.2 | 3.6 | 4.3 | 3.8 | 3.7 | 2.4 | 3.4 | 1.0 | (+43.8) |
| 　통화옵션 | 1.2 | 1.2 | 1.7 | 1.4 | 0.9 | 0.9 | 1.1 | 0.2 | (+16.8) |
| 비 거 주 자[3] | 192.3 | 176.5 | 208.2 | 168.1 | 162.3 | 167.9 | 214.3 | 46.4 | (+27.7) |
| 　현 물 환 | 48.3 | 49.1 | 53.1 | 47.3 | 45.2 | 51.0 | 66.6 | 15.7 | (+30.7) |
| 　선 물 환 | 88.1 | 71.5 | 94.1 | 67.9 | 59.6 | 64.7 | 82.8 | 18.1 | (+28.0) |
| 　외환스왑 | 52.8 | 52.8 | 57.3 | 49.2 | 54.4 | 50.0 | 61.5 | 11.6 | (+23.1) |
| 　통화스왑 | 2.2 | 2.2 | 2.4 | 2.8 | 2.2 | 1.5 | 2.4 | 0.9 | (+62.1) |
| 　통화옵션 | 0.9 | 0.9 | 1.2 | 0.9 | 0.8 | 0.7 | 0.9 | 0.2 | (+28.4) |
| 합　　계 | 557.7 | 528.4 | 593.7 | 520.2 | 495.6 | 505.0 | 609.4 | 104.4 | (+20.7) |

주 : 1) 외국환은행간의 거래, "(매수+매도)/2" 기준
　　2) 외국환은행과 국내 개인 및 기업 등 국내고객간 거래
　　3) 외국환은행과 해외금융기관 및 해외고객간 거래

# 외환파생상품거래 리스크 관리기준

**제1장 총칙**

1. (목적) 이 기준은 「은행업감독업무시행세칙」 제41조에 따른 금융기관의 외환파생상품거래 위험관리기준을 정함을 목적으로 한다. 금융기관은 이 기준에 따라 내규를 자체적으로 설정하여 운영하여야 한다.

2. (범위) 이 기준은 금융기관의 기업투자자에 대한 외환파생상품 거래에 따른 거래상대방 리스크 관리를 주된 범위로 한다.

3. (용어의 정의) 이 기준에서 사용되는 용어의 정의는 다음과 같다.

   가. '금융기관'은 「은행법」 제2조제1항제2호의 금융기관(제6조의 회사를 제외한다)을 의미한다.

   나. '자기자본'은 「외국환거래규정」 제2-9조제3항의 자기자본을 의미한다.

   다. '외환파생상품'은 「자본시장과 금융투자업에 관한 법률」 제5조제3항, 「외국환거래규정」 제1-2조제11호 및 제20-2조의 외국통화를 기초자산으로 하는 장외파생상품으로서 통화선도(outright forward), 통화옵션, 외환스왑 및 통화스왑을 의미한다.〈개정 2014.12.11〉

   라. '기업투자자'는 「자본시장과 금융투자업에 관한 법률」 제9조제5항의 전문투자자 중 동 법 제9조제5항제1호내지제2호, 동 법 시행령 제10조제2항 및 제3항(제3항제15호내지제17호를 제외한다)의 투자자를 제외한 투자자를 의미한다.

4. (외국금융기관의 국내지점에 대한 특례) 「은행법」 제58조의 외국금융기관의 국내지점은 이 기준 제3장 '비거주자와의 거래 등'의 적용을 배제한다.


**제2장 외환파생상품 거래상대방 리스크 관리**

5. (거래 실행)

   가. 금융기관은 기업투자자가 보유하고 있거나 보유할 예정인 자산·부채·계약 등 위험회피대상의 실재성을 확인한 후 기업투자자와의 외환파생상품 거래를 실행하여야 한다.

   나. 금융기관이 기업투자자에 대한 외환파생상품 거래 실행 여부 결정시 고려하여야 할 사항은 다음과 같다.

1) 외환파생상품의 종류 및 거래금액

2) 기업투자자의 외환파생상품 투자목적

3) 기업투자자의 대차대조표, 손익계산서상 재무비율 등 재산상황

다. 금융기관은 아래에서 정하는 사항이 발생하는 경우 외환파생상품 거래의 해지요건에 해당될 수 있음을 기업투자자에게 사전고지하여야 한다.

1) 기업투자자가 금융기관의 제출 요청에도 불구하고 실재성 확인 및 기 실행중인 파생상품거래 정보 등을 제출하지 않는 경우

2) 기업투자자가 고의로 허위의 자료를 금융기관에 제출하는 경우

3) 기업투자자가 위험헤지비율 초과 사실을 인지하였음에도 불구하고 외환파생상품 거래를 실행중인 금융기관에 동 사실을 통보하지 않는 경우

6. (한도 설정)

가. 금융기관은 기업투자자와의 외환파생상품 거래시 위험헤지비율을 최대 100% 이내에서 운영하여야 한다.<개정 2010.7.30>

나. '위험헤지비율'은 기업투자자가 보유하고 있거나 보유하려는 위험회피대상 자산·부채·계약 등에서 발생할 수 있는 금액(A) 대비 한도부여 기간중 당해 금융기관 또는 타 금융기관(수출보험공사의 환변동보험을 포함한다.)에서 체결한 신규 외환파생상품 거래액을 합산한 금액(B)의 비율(B/A)을 의미한다.<개정 2014.12.11>

다. 금융기관은 기업투자자에 대한 위험헤지비율을 사전에 설정한 상한을 초과하여 운영할 필요가 있다고 판단되는 경우 「은행업감독규정」 제31조제1항의 리스크관리 위원회 또는 제2항의 리스크관리 전담조직(외국금융기관의 국내지점은 이와 유사한 기능을 수행하는 내부 위원회)에 대하여 위험헤지비율 상향 근거 등을 개별 건별로 보고하여 승인을 득한 후 거래를 실행할 수 있다.


**제3장 비거주자와의 거래 등**

7. (비거주자와의 거래 등)

가. 비거주자와의 거래로서 외화로 표시되거나 결제되는 거래 중 트레이딩 거래 전체에 대하여 기초자산별 최대가격 변동 위험치(통화 및 금리 10%, 주식 등 기타 20%)를 적용한 손실허용한도를 전월말 현재 자기자본의 일정비율 이내로 관리하여야 한다.

나. 비거주자와의 거래로서 외화로 표시되거나 결제되는 거래 중 전월말 현재 자기자본의 5%를 초과하는 거액거래, 신용파생금융거래 및 비정형파생상품 거래는 「은행업감독규정」 제31조제1항의 리스크관리 위원회 또는 제2항의 리스크관리 전담조직의 승인을 득하여 취급하여야 한다.

## 4. 외국환리스크 관리지침(B기업 사례)

제정 20xx. xx. xx.

## 제1장 총칙

**제1조(목적)** 이 지침은 「리스크관세칙」에서 정한 외국환리스크 관리에 관한 세부지침을 정함을 목적으로 한다.

**제2조(적용범위)** 공사의 외국환리스크 관리와 관련하여 관계 법령 및 「리스크 관리규정」 및 「리스크 관리세칙」에서 별도로 정함이 있는 경우를 제외하고는 이 지침에서 정하는 바에 따른다.

**제3조(용어의 정의)** 이 지침에서 사용하는 용어는 다음 각 호와 같다.

1. "내국통화"란 대한민국의 법정통화인 원화를 말한다.

2. "외국통화"란 내국통화 외의 모든 통화를 말한다.

3. "지급수단"이란 다음 각 목의 어느 하나에 해당하는 것을 말한다.

   가. 정부지폐 · 은행권 · 주화 · 수표 · 우편환 · 신용장

   나. 「외국환거래법」 및 동법 시행령에서 정하는 환어음, 약속어음, 그 밖의 지급지시

   다. 증표, 플라스틱카드 또는 그 밖의 물건에 전자 또는 자기적 방법으로 재산적 가치가 입력되어 불특정 다수인 간에 지급을 위하여 통화를 갈음하여 사용할 수 있는 것으로 「외국환거래법」및 동법 시행령에서 정하는 것

4. "대외지급수단"이란 외국통화, 외국통화로 표시된 지급수단, 그 밖에 표시통화에 관계없이 외국에서 사용할 수 있는 지급수단을 말한다.

5. "내국지급수단"이란 대외지급수단 외의 지급수단을 말한다.

6. "증권"이란 제3호의 지급수단에 해당하지 아니하는 것으로서 「자본시장과 금융투자업에 관한 법률」(이하「자본시장법」이라 한다) 제4조에 따른 증권과 그 밖에 「외국환거래법」 및 동법 시행령에서 정하는 것을 말한다.

7. "외화증권"이란 외국통화로 표시된 증권 또는 외국에서 지급받을 수 있는 증권을 말한다.

8. "파생상품"이란 「자본시장법」 제5조에 따른 파생상품과 그 밖에 「외국환거래법」 및 동법 시행령에서 정하는 것을 말한다.

9. "외화파생상품"이란 외국통화로 표시된 파생상품 또는 외국에서 지급받을 수 있는 파생상품을 말한다.

10. "채권"이란 모든 종류의 예금·신탁·보증·대차(貸借) 등으로 생기는 금전 등의 지급을 청구할 수 있는 권리로서 제1호에서 제9호까지 해당되지 아니하는 것을 말한다.

11. "외화채권"이란 외국통화로 표시된 채권 또는 외국에서 지급받을 수 있는 채권을 말한다.

12. "외국환"이란 대외지급수단, 외화증권, 외화파생상품 및 외화채권을 말한다.

13. "거주자"란 대한민국에 주소 또는 거소를 둔 개인과 대한민국에 주된 사무소를 둔 법인을 말한다.

14. "비거주자"란 거주자 외의 개인 및 법인을 말한다. 다만, 비거주자의 대한민국에 있는 지점, 출장소, 그 밖의 사무소는 법률상 대리권의 유무에 상관없이 거주자로 본다.

15. "외국환업무"란 다음 각 목의 어느 하나에 해당하는 것을 말한다.

   가. 외국환의 매매 혹은 지급

   나. 외화증권의 발행 및 매매

   다. 거주자에 대한 외화표시 투자

   라. 비거주자와의 내국통화로 표시되거나 지급되는 증권·채권의 매매

   마. 거주자와의 외국통화로 표시되거나 지급받을 수 있는 예금·금전의 대차 또는 보증

   바. 비거주자와의 외국통화로 표시되거나 지급받을 수 있는 예금·금전의 대차 또는 보증

   사. 대외지급수단의 발행 및 매매

   아. 외화 파생상품거래

   자. 외국통화로 표시된 시설대여 및 리스

   차. 외국환표시 투자일임 혹은 신탁업무

16. "선물환"이라 함은 대외지급수단의 매매계약일의 제3영업일 이후 장래 약정한 시기에 거래당사자간에 매매계약시 미리 약정한 환율에 의하여 대외지급수단을 매매하고 그 대금을 결제하는 거래로서 「자본시장법」에 따른 파생상품시장 또는 해외파생상품시장에서 이루어지는 거래를 제외한 거래를 말한다.

17. "신용파생결합증권"이라 함은 「자본시장법」상의 증권 중에서 신용사건 신용위험을 거래당사자의 일방에게 전가하는 신용연계채권(Credit Linked Note) 및 손실을 우선 발생시 부담(First to Default)시키는 합성담보부채권(Synthetic Collateralized Debt Obligations) 또는 이와 유사한 거래를 말한다.

18. "신용파생상품"이라 함은 「자본시장법」상의 파생상품 중 신용위험을 기초자산으로 하는 파생상품을 말한다.

19. "환VaR"란 향후 특정한 기간 및 특정한 신뢰구간에서 환율의 불리한 변동으로 인해 공사 보유 외국환 자산부채에서 발생 가능한 순환산이익(Net Translation Income; NTI)의 최대 감소액을 의미하며 확률적 방법 혹은 확정적 방법에 의거하여 산출된 리스크량을 의미한다.

20. "트레이딩거래"란 차익거래를 포함하여 단기시세차익을 목적으로 특정 금융투자상품을 매수(도) 하거나 특정거래(외국환거래 포함)를 실행하는 것을 말한다.

**제4조(외국환리스크 관리 기본원칙)**

① 외국환거래는 거래형태, 거래기간, 거래목적에 따라 통화별로 분류하여 관리한다.

② 외국환거래는 원인거래의 리스크를 경감하거나 수익 혹은 현금흐름의 안정성을 확보하기 위한 거래에 한하여 시행하는 것을 원칙으로 하며 투기 적거래는 원칙적으로 금지한다.

③ 파생상품거래는 환리스크를 회피하기 위한 목적으로만 거래되어야 하며, 차익실현, 자본적 이득실현 등 투기적 목적으로 거래할 수 없다.

④ 외국환거래는 공사의 사업목적에 부합하는 범위 내에서 이루어져야 하며, 외국환거래에 수반되는 환리스크는 부채와 연계하여 관리하여야 한다.

**제5조(외국환거래의 구분)** 공사의 외국환거래는 다음 각 호와 같이 분류하여 관리한다.

1. 거래형태별: 경상거래 및 자본거래 등

2. 거래기간별: 거래일로부터 상환 또는 수납의 기한이 1년 이상인 장기 거래 및 1년 미만인 단기거래 등

3. 거래목적별: 환리스크를 유발하는 원인거래(Underlying Transaction) 및 환리스크를 제거하기 위한 헤지거래(Hedge Transaction) 등

## 제6조(외국환리스크 관련부서)

① 외국환거래 및 환리스크 실무를 담당하는 외국환리스크 관리부서(이하 "관리부서"라 한다)를 두며, 관리부서는 자금담당부서로 한다.

② 관리부서는 다음 각 호의 업무를 수행한다.

  1. 외국환거래 관련업무

  2. 외국환 익스포져의 관리, 보고

  3. 환리스크 관리계획의 작성

  4. 환리스크에 대한 헤지거래

  5. 환리스크 헤지거래에 대한 사후관리

  6. 외국환포지션의 관리

  7. 외국환 유동성의 관리

  8. 외국환리스크 한도관리

  9. 한국은행 신외환전산망 관리

  10. 민감도분석(Sensitivity analysis)을 통한 환차손익의 예측

  11. 모의실험(simulation)을 통한 헤지 적정성 평가

③ 공사의 외국환리스크 총괄 및 통합 업무는 리스크 관리 주관부서(이하 "주관부서"라 한다)가 담당하며 다음 각 호의 업무를 수행한다.

1. 외국환리스크의 측정

2. 외국환 포지션 및 외국환 유동성 통합 모니터링

3. 외국환리스크 한도설정 및 관리내역 위원회 앞 보고

4. 외국환 자산부채종합관리(ALM)

5. 통화별 환율추이 및 시장환경 분석을 통한 외국환리스크 관리 전략의 수 립 및 리스크 관리위원회(이하 "위원회"라 한다)앞 보고

6. 관리부서의 외국환리스크 관리계획 점검, 모니터링 및 위원회 앞 보고

7. 외국환리스크 관련 대외보고

④ 환리스크의 실무를 담당하는 환리스크 관리자는 주관부서의 장으로 하며 환리스크 측정, 분석 및 보고 등의 업무를 수행한다.

⑤ 공사의 외국환리스크 관리 정책에 관한 사항은 리스크 관리위원회에서 수행한다.


## 제2장 외국환리스크 관리


### 제7조(환리스크 측정)

① 환리스크 측정은 환VaR를 사용하여 측정하는 것을 원칙으로 한다.

② 환VaR는 통화별로 분리 측정하여야 하며, 각 통화별 상관관계를 고려하여 통합·관리하여야 한다.

③ 환VaR는 매월말 기준으로 측정하는 것을 원칙으로 한다.

④ 환VaR의 측정방법에 관한 사항은 별표 1에 따른다.

⑤ 환VaR의 측정 및 모형의 관리에 관한 업무는 주관부서가 담당한다.

## 제8조 (외국환리스크 한도관리)

① 주관부서는 매년 재무상태, 경제환경 및 사업규모 등을 고려하여 외국환리스크 한도를 설정하여 위원회의 승인을 받아야 한다.

② 위원회가 정하는 외국환리스크 한도는 다음 각 호와 같다.

　1. 환VaR

　2. 외국환유동성한도

　3. 외국환포지션한도

　4. 기타한도

③ 주관부서는 위원회가 승인한 각 한도가 적정하게 운영, 관리되는지 모니터링하고 그 결과를 주기적으로 위원회에 보고하여야 한다.

④ 관리부서는 한도가 초과되거나 초과가 예상되는 경우 주관부서와 협의하여 한도의 초과 해소 혹은 증액 등 처리방안을 수립하여 위원회에 보고 하여야 한다.

## 제9조 (외국환리스크의 헤지원칙)

① 외국환거래 실행시 환리스크는 전체 환익스포져에 대하여 완전헤지 (Perfect Hedge)하는 것을 원칙으로 한다. 다만, 공사 정책에 의거하여 부분헤지(Partial Hedge) 혹은 미헤지 (Unhedge) 하는 것을 허용한 경우는 예외로 할 수 있다.

② 외국환거래에 대한 채권, 채무의 금액 및 시기가 확정되지 않은 거래 (보증계약 포함)에 대해서는 제1항에도 불구하고 환리스크를 노출하여 거래하고자 하는 경우 각 사업부서 및 관리부서는 환리스크의 경감을 위한 최선의 조치를 취한 후 주관부서와 협의하여 통합 환리스크의 노출규모를 정한 후 거래하여야 한다.

③ 외국환리스크 헤지거래의 거래상대방은 반드시 다음 각 호의 조건을 모두 갖춘 기관이어야 한다.

1. 외국환거래법령 및 규정에서 정한 자격요건을 갖춘 기관

2. 제1호에 준하는 자격요건을 갖춘 기관

3. 거래일 현재 중요한 외국환거래 관련 소송사건 및 외국환거래 관련 제재 등에 계류되어 있지 않은 기관

## 제10조 (외국환리스크의 헤지방법)

① 외국환리스크의 헤지는 리스크의 전 가, 이전, 보장매입 및 보험가입 등 회피 전략을 모두 고려한 후 시행하여 야 한다.

② 헤지는 파생상품거래를 이용하여 할 수 있으며, 선물환·통화옵션·통화 스와프·통화스왑션 등 다양한 방법을 동원하여 거래할 수 있다.

③ 각 사업부서 혹은 관리부서가 외국환 헤지거래를 하고자 하는 경우 반드시 주관부서와 협의하여 리스크 검토의견을 반영하여 수행하여야 한다.

④ 헤지거래의 만기연장(Roll-over)시에도 제3항과 동일하게 적용한다.

⑤ 관리부서는 헤지거래에 대해 정기적으로 사후 점검을 실시하여야 하며, 다음 각 호의 사항을 반드시 포함하여야 한다.

1. 파생상품 헤지거래의 만기시 종결 혹은 연장 의사결정

2. 최초의 계획에 따른 헤지비율의 변동성

3. 헤지 유효성평가(헤지회계 시행시)

4. 헤지거래 상대방의 신용리스크 변동사항 등

# 제3장 외국환건전성 관리

## 제11조 (외국환유동성 관리)

① 외국환거래를 하고자 하는 모든 사업부서는 사전에 관리부서와 외국환유동성에 관해 협의한 후 시행하여야 한다.

② 관리부서는 결산시점기준으로 외국환자산 및 외국환부채를 잔존만기별 로 구분하여 관리하고 다음 각 호에서 정하는 비율을 유지하여야 한다. 다만 외국환부채가 직전산출 총자산대비 100분의 1에 미달하는 경우에는 그러하지 않다.

  1. 잔존만기 3개월 이내 외국환부채에 대한 잔존만기 3개월 이내 외국환 자산의 비율은 100분의 80 이상이어야 한다.

  2. 잔존만기 7일 이내 외국환자산이 잔존만기 7일 이내의 외국환부채를 초과하는 금액이 총외국환자산에서 차지하는 비율은 0% 이상이어야 한다.

  3. 잔존만기 1개월 이내 외국환자산이 잔존만기 1개월 이내의 외국환부 채를 초과하는 금액이 총 외국환자산에서 차지하는 비율은 -10% 이상 이어야 한다.

③ 관리부서는 외국환 유동성비율을 매월말 기준으로 작성하여 기록, 결재 및 보관하여야 하며, 익월 30일 이내에 주관부서 앞으로 제출하여야 한다.

④ 관리부서는 매 분기말 기준으로 30일 이내에 외국환 유동성비율관리현황을 주관부서 앞 제출하고 주관부서는 관리현황 및 모니터링 결과를 위원회에 보고하여야 한다.

⑤ 관리부서는 분기말 결산시점 기준으로 외국환 유동성비율이 제2항의 기준을 충족하지 못한 경우 그 원인 및 대책을 수립하여 주관부서와 협의 후 위원회에 보고하여야 한다.

⑥ 외국환 유동성비율 위반에 대한 조치는 위원회에서 정한다.

## 제12조(외국환포지션 산정방법)

① 외국환자산 및 외국환부채의 범위는 다음 각 호와 같다.

1. 난내계정 현물 외국환자산 혹은 외국환부채

2. 선물외국환자산 및 외국환부채는 다음 각 목에서 정하는 바와 같다.

   가. 선물외국환자산은 통화관련 파생상품거래 매입분, 신용 및 그 밖의 파생상품거래중 통화관련 매입분으로 한다. 다만, 통화옵션의 경우 매수옵션(Call Option)의 매입분(Long Position) 및 매도옵션(Put Option)의 매도분(Short Position)을 통화관련 매입분으로 한다.

   나. 선물외국환부채는 통화관련 파생금융상품거래 매도분, 신용 및 그 밖의 파생금유상품거래 중 통화관련 매도분으로 한다. 다만, 통화옵션의 경우 매수옵션(Call Option)의 매도분(Short Position) 및 매도옵션 (Put Option)의 매입분(Long Position)을 통화관련 매도분으로 한다.

3. 제1호 및 제2호에도 불구하고 통화옵션거래의 환위험을 환율변동에 따른 옵션가치의 변화도(델타)를 사용하여 관리할 경우, 자체적으로 산 출한 위험노출액(명목금액에 변화도를 곱한 금액으로 한다.)을 선물외국 환자산 또는 부채금액으로 계산할 수 있다. 다만, 관리부서가 위험노출 액만을 선물외국환자산 혹은 선물외국환부

채로 산정하고자 할 경우는 사전에 주관부서와 협의하여 위원회의 승인을 득하여야 한다.

② 외국환포지션의 산정시 공사자본여력금액은 미달러화로 환산한 금액을 기준으로 하며, 적용 환율은 전년도 외국환포지션 한도 산정시 적용 환율과 전년도 평균매매기준율을 평균한 환율로 한다. 다만 전년도 외국 환포지션 한도를 산정하지 아니한 경우는 전년도 평균매매기준율을 적용한다.

③ 제2항에서 미달러화 이외 외국통화를 미달러화로 환산할 경우 당해 외국통화의 대미달러환율은 매영업일 KEB하나은행 최초고시 매매기준 율을 적용한다.

## 제13조(외국환포지션 관리)

① 관리부서는 외국환포지션을 다음 각 호의 범위 이내에서 관리하여야 한다.

　1. 외국환매입초과포지션은 각 외국통화별 종합매입초과포지션의 합계액이 직전산출 공사자본여력금액의 100분의 20에 상당하는 금액

　2. 외국환매각초과포지션은 각 외국통화별 종합매각초과포지션의 합계액이 직전산출 공사자본여력금액의 100분의 20에 상당하는 금액

② 관리부서는 외국환포지션 한도점검결과 초과 사실을 발견한 경우 즉시 대책을 마련하여 주관부서와 협의하여야 한다.

③ 관리부서는 매월말 일별 외국환포지션 현황을 종합하여 주관부서에 제출하여야 한다.

④ 관리부서는 매분기말 일별 외국환포지션 현황, 한도초과횟수, 한도초과사유 및 대책 등을 작성하여 주관부서와 협의한 후 위원회에 보고하

여야 한다.

# 제4장 외화유가증권 리스크 관리

## 제14조(국가별 리스크 관리방법)

① 외화증권 및 외화채권 등 외화유가증권의 거래에 적용되는 국가별 한도는 직전산출 공사자본여력금액의 10% 이내로 한다. 다만 국가신용등급이 투자부적격등급(신용등급이 없는 경우 포함)인 국가의 경우 5% 이내로 하고, 투자부적격등급 국가 전체에 대해서는 30% 이내로 한다.

② 국가별 신용등급 적용기준은 별표 2와 같다.

③ 제1항에도 불구하고 우리나라보다 신용등급이 우량한 국가는 우량등급으로 분류하며 국가별 한도 적용의 예외로 한다.

④ 외화유가증권의 표시통화와 해당 국가 통화가 다른 경우에는 해당 유가증권 표시통화에도 불구하고 유가증권을 발행한 국가(거래처인 경우 주 사무소가 위치한 국가) 통화에 따른다.

⑤ 투자부적격등급(신용등급이 없는 경우 포함)인 국가에 대한 외화유가증권 거래가 필요한 경우, 관리부서는 관련된 리스크를 전반적으로 인식, 분석할 뿐만 아니라 환율, 신용, 시장 등 전반적인 리스크 관리방안을 종합적으로 수립하여 주관부서와 협의한 후 실행하여야 한다.

⑥ 투자일임거래 시에도 편입된 자산 및 부채 내역을 파악하여 본 조항을 동일하게 적용한다.

**제15조(외국환 거액신용리스크 관리방법)**

① 동일법인 혹은 동일기업집단과의 외국환거래 중 단일거래규모가 직전 산출 공사자본여력금액의 5%를 초과하는 '거액신용리스크' 거래인 경우 제2항과 제3항을 따른다.

② 투자부적격등급(신용등급이 없는 경우 포함)인 거래처에 대한 외국환 거래시 각 사업부서는 관련된 리스크를 전반적으로 인식, 분석할 뿐만 아니라 리스크 헤지방안을 종합적으로 수립하여 주관부서와 협의한 후 거래하여야 한다.

③ 거액신용리스크 거래를 하고자 하는 각 사업부서는 주관부서에의 리스크 검토의견서를 첨부하여 실행하여야 한다.

**제16조(파생상품 리스크 관리방법)**

① 관리부서가 외국환 리스크 관리를 위 해 파생상품거래를 하고자 하는 경우 거래시점에서 위험회피거래(헤지거래)와 여타거래(트레이딩거래)로 구분하고 헤지거래에 대하여는 거래장표 등에 기초자산의 내용을 명시하고 각각 구분하여 관리하여야 한다.

② 파생상품의 트레이딩거래에 대해서는 별도로 트레이딩거래에 관한 내규를 제정하여 관리할 수 있다.

③ 각 사업부서 및 관리부서가 신용파생결합증권 및 신용파생상품거래를 하고자 하는 경우에는 반드시 주관부서와 협의하여 위원회의 승인을 받아야 한다.

④ 관리부서는 파생상품 헤지거래에 대해서 제10조제5항에 따라 주기적으로 헤지효과를 분석하고 그 결과를 주관부서에 통보하여야 한다.

# 제5장 기 타

**제17조(지침의 개폐)** 이 지침의 개폐는 위원회가 한다.

## 부 칙 (1)

이 지침은 20xx년 xx월 xx일부터 시행한다.

**[별표1]**

## 환리스크 측정방법

1. 환리스크는 환VaR를 통해서 측정하며 환VaR는 아래의 측정방법에 의한다.

| 구분 | | 환 VaR |
|---|---|---|
| 확정적 방법 | 정의 | 현재 환포지션 및 환율 변동성을 반영하여 산출한 최대 순환산이익(NTI) 감소액 |
| | 노출기간 | 1년 |
| | 신뢰구간 | 99% |
| | 변동성 | 과거 1년간 통화별 환율변동률의 표준편차 |
| | 산식 | 환포지션 × 신뢰수준(±2.33) × 표준편차 × 환율 |
| 확률적 방법 | 정의 | 다수의 환율 시나리오 생성후 이를 적용하여 산출된 순환산이익 분포중 평균 및 일정 신뢰구간 해당액의 차이 |
| | 노출기간 | 1년 |
| | 신뢰구간 | 99% |
| | 산식 | $NTI_{avr} - NTI_{1\%ile}$<br>$NTI_{avr}$ : 미래 특정기간중 NTI 평균예상값<br>$NTI_{1\%ile}$ : 하위 1 Percentile 해당 NTI |

\* 환율 시나리오를 생성할 수 있는 인프라가 갖추어지기 전까지는 확정적 방법만으로 환VaR를 측정할 수 있음

2. 통화별 환VaR는 통화간의 분산효과를 아래와 같이 반영하여 측정한다.

$$환\,VaR_t = \sqrt{\sum_i \sum_j (환\,VaR_i \times 환\,VaR_j) \times 상관계수_{ij}}$$

$$(환VaR_i = i\ 통화의\ 환VaR)$$

\* 통화간의 상관계수 = 직전1년간 통화간의 상관계수 산출값

**[별표2]**

국가별/거래처별 신용등급

| 구 분 | 투자적격등급 | | 투자부적격등급 |
|---|---|---|---|
| | 투자적격등급 | 양호 | |
| S&P | AA 이상 | BBB-~AA- | BB+이하, 또는 무등급 |
| Moody's | Aa2이상 | Baa3~Aa3 | Ba1이하, 또는 무등급 |
| Fitch | AA 이상 | BBB~AA- | BB이하, 또는 무등급 |

\* 둘 이상의 신용평가기관에 의한 복수 신용등급이 있는 경우, 가장 낮은 신용등

급을 적용

2020년도 공기업·준정부기관 경영실적 평가기준·방법(일부 발췌)

## 제1장 경영실적 평가개요

### 제1절 의의

o 「공공기관의 운영에 관한 법률」(이하 "법률"이라 한다) 제48조에 따른 '경영실적 평가제도'는 공기업·준정부기관의 자율·책임경영체계 확립을 위해, 매년도 경영 노력과 성과를 공정하고 객관적으로 평가하는 제도이다.

o 기획재정부 장관은 공정하고 객관적인 평가를 위해, 법률 제48조 및 같은 법 시행령 제27조에 따라 매 회계연도 개시 전까지 평가기준과 방법을 정한 평가편람을 작성한다.

### 제2절 평가절차

o 공기업·준정부기관은 법률 제47조에 따라 2021년 3월 20일까지 전년도의 경영실적에 대한 보고서를 작성하여 기획재정부장관과 주무기관의 장에게 제출하여야 한다. 보고서의 작성양식, 제출방법 등은 기획재정부장관이 별도로 정할 수 있다.

o 각 기관은 경영실적보고서 중 계량지표 관련 실적에 대해서는 해당 계량 실적에 대해 법률 제43조에 따라 선정된 회계법인 또는 감사(감사위원회)로 하여금 그 정확성에 대한 확인을 받아 기획재정부에 제출한다.

o 기획재정부 장관은 경영실적 평가의 효율성과 객관성을 제고하기 위해 대학교수, 공인회계사 등으로 평가단을 구성하여 경영실적 평가를 위탁할 수 있다.

o 기획재정부 장관 또는 경영평가단장은 경영실적 평가를 위하여 필요한 경우 공기업과 준정부기관에 관련 자료의 제출을 요청할 수 있다. 준정부기관은 관련 자료의 제출요구에 성실히 응하여야 한다.

o 기획재정부 장관 또는 경영평가단장은 공기업, 준정부기관이 제출한 실적 보고서 및 관련 자료를 기초로 하여 공기업, 준정부기관의 경영실적을 평가하며, 필요한 경우 현장방문, 공기업·준정부기관 임직원의 인터뷰 등을 할 수 있다.
  - 평가 과정에서 경영전략, 리더십, 조직·인사 일반 등 기관장 역량과 관련된 지표에 대한 평가를 토대로 「기관장 평가보고서」를 별도로 작성할 수 있다.

o 기획재정부장관은 2021년 6월 20일까지 공기업·준정부기관의 경영실적 평가를 마치고, 공공기관운영위원회의 심의·의결을 거쳐 그 결과를 확정한다.

# 제2장 경영실적 평가기준

## 제1절 평가유형 구분

o 공기업·준정부기관의 2020년도 경영실적은 법률 제4조 내지 제6조의
   공 공기관 유형 구분 기준에 따라 평가유형을 구분하여 평가한다. 다만,
   준 정부기관 중의 일부는 평가부담 완화를 위하여 별도의 평가유형 구분
   기준을 적용하여 강소형 유형으로 구분할 수 있다.

| 유 형 | | 유형구분 기준 |
|---|---|---|
| 공기업 | 공기업 I | 법률 제4조 내지 제6조에 따라 지정된 공기업 중 사회기반시설 (SOC)에 대한 계획과 건설, 관리 등을 주요업무로 하는 대규모기관 |
| | 공기업 II | 법률 제4조 내지 제6조에 따라 지정된 공기업 중 특정 분야의 산업에 대한 진흥을 주요업무로 하는 기관, 중소형 SOC기관, 자회사 등 |
| 준정부 기관 | 기금관리형 | 법률 제4조 내지 제6조에 따라 직원정원이 50인 이상이고, 「국가 재정법」에 따라 기금을 관리하거나 기금의 관리를 위탁받은 기관 중 에서 기금관리형 준정부기관으로 지정된 기관 (강소형기관은 제외) |
| | 위탁집행형 | 법률 제4조 내지 제6조에 따라 직원정원이 50인 이상이고, 기금 관리형 준정부기관이 아닌 기관 중에서 위탁집행형 준정부기관으로 지정된 기관 (강소형기관은 제외) |
| | 강소형 | 법률 제4조 내지 제6조에 따라 위탁집행형 준정부기관으로 지정된 기관 중에서 정원이 300인 미만인 기관과 기금관리형 준정부기관 으로 지정된 기관 중에서 자산규모(위탁관리하는 기금자산 포함)가 1조원 미만이고 정원이 300인 미만인 기관(2018년말 기준) |

o 2020년도 공기업·준정부기관은 평가유형구분 기준에 의거 다음과 같이 구분한다. 다만, 「공공기관의 운영에 관한 법률」에 따라 변경 지정된 경우 평가 유형을 조정하여 평가할 수 있다.

| 유 형 | | 기 관 명 |
|---|---|---|
| 공기업 (36개) | 공기업Ⅰ (10개) | 인천국제공항공사, 한국가스공사, 한국공항공사, 한국도로공사, 한국석유공사, 한국수자원공사, 한국전력공사, 한국지역난방공사, 한국철도공사, 한국토지주택공사 |
| | 공기업Ⅱ (26개) | 강원랜드(주), 그랜드코리아레저(주), 대한석탄공사, 부산항만공사, 여수광양항만공사, 울산항만공사, 인천항만공사, 제주국제자유도시개발센터, 주식회사 에스알, 주택도시보증공사, ㈜한국가스기술공사, 한국감정원, 한국광물자원공사, 한국남동발전㈜, 한국남부발전㈜, 한국동서발전㈜, 한국마사회, 한국방송광고진흥공사, 한국서부발전㈜, 한국수력원자력㈜, 한국전력기술㈜, 한국조폐공사, 한국중부발전㈜, 한전KDN㈜, 한전KPS㈜, 해양환경공단 |
| 준정부 기관 (93개) | 기금 관리형 (13개) | 공무원연금공단, 국민연금공단, 국민체육진흥공단, 근로복지공단, 기술보증기금, 사립학교교직원연금공단, 신용보증기금, 예금보험공사, 중소벤처기업진흥공단, 한국무역보험공사, 한국원자력환경공단, 한국자산관리공사, 한국주택금융공사 |
| | 위탁 집행형 (41개) | 건강보험심사평가원, 국립공원공단, 국립생태원, 국민건강보험공단, 대한무역투자진흥공사, 도로교통공단, 사회보장정보원, 소상공인시장진흥공단, 우체국금융개발원, 우체국물류지원단, 축산물품질평가원, 한국가스안전공사, 한국고용정보원, 한국관광공사, 한국교통안전공단, 한국국제협력단, 한국국토정보공사, 한국농수산식품유통공사, 한국농어촌공사, 한국방송통신전파진흥원, 한국보훈복지의료공단, 한국산업기술진흥원, 한국산업단지공단, 한국산업안전보건공단, 한국산업인력공단, 한국석유관리원, 한국소비자원, 한국승강기안전공단, 한국시설안전공단, 한국에너지공단, 한국연구재단, 한국인터넷진흥원, 한국장애인고용공단, 한국장학재단, 한국전기안전공사, 한국전력거래소, 한국정보화진흥원, 한국철도시설공단, 한국해양교통안전공단, 한국환경공단, 한국환경산업기술원 |
| | 강소형 (39개) | 국제방송교류재단, 국토교통과학기술진흥원, 농림수산식품교육문화정보원, 농림식품기술기획평가원, 농업기술실용화재단, 독립기념관, 시청자미디어재단, 아시아문화원, 연구개발특구진흥재단, 재단법인 대한건설기계안전관리원, 정보통신산업진흥원, 중소기업기술정보진흥원, 창업진흥원, 한국건강증진개발원, 한국과학창의재단, 한국광해관리공단, 한국교육학술정보원, 한국기상산업기술원, 한국노인인력개발원, 한국디자인진흥원, 한국보건복지인력개발원, 한국보건산업진흥원, 한국보육진흥원, 한국산림복지진흥원, 한국산업기술평가관리원, 한국소방산업기술원, 한국수산자원공단, 한국식품안전관리인증원, 한국언론진흥재단, 한국에너지기술평가원, 한국우편사업진흥원, 한국임업진흥원, 한국재정정보원, 한국청소년상담복지개발원, 한국청소년활동진흥원, 한국콘텐츠진흥원, 한국특허전략개발원, 한국해양수산연수원, 해양수산과학기술진흥원 |

* 밑줄 친 기관은 중장기재무관리계획 제출 기관임

## 제2절 평가지표 체계

### 1. 기본체계

o 평가지표는 평가 대상 공공기관의 경영실적을 체계적이고 종합적으로 평가할 수 있도록 경영관리-주요사업의 2개 범주로 구성한다.

o 각 범주별 주요 평가내용은 다음과 같다.

| 평가범주 | 주요 평가내용 |
|---|---|
| 경영관리 | 경영전략 및 리더십, 사회적 가치 구현, 업무효율, 조직·인사·재무관리, 보수 및 복리후생관리, 혁신과 소통 |
| 주요사업 | 공공기관의 주요사업별 계획·활동·성과 및 계량지표의 적정성을 종합적으로 평가 |

o 각 평가범주는 단위 평가지표로 구분하여 평가한다. 단위 평가지표는 복수의 세부평가지표로 구성할 수 있다.

o 평가지표는 평가목적과 대상범위를 규정하는 지표정의와 세부평가내용으로 구성한다

## 2. 유형별 평가지표 구성 및 가중치

### ① 공기업의 지표 및 가중치 기준

| 범주 | 평가지표 | 계 | 비계량 | 계량 |
|---|---|---|---|---|
| | **1. 경영전략 및 리더십** | **6** | **6** | |
| | - 전략기획 | | 2 | |
| | - 경영개선 | | 2 | |
| | - 리더십 | | 2 | |
| | **2. 사회적 가치 구현** | **24** | **17** | **7** |
| | - 일자리 창출 | 7 | 4 | 3 |
| | - 균등한 기회와 사회통합 | 4 | 3 | 1 |
| | - 안전 및 환경 | 5 | 5 | |
| | - 상생·협력 및 지역발전 | 5 | 2 | 3 |
| | - 윤리경영 | 3 | 3 | |
| 경영<br>관리<br>(55) | **3. 업무효율** | **5** | | **5** |
| | **4. 조직·인사·재무관리** | **7** | **4** | **3** |
| | - 조직·인사 일반<br>(삶의 질 제고) | 2 | 2 | |
| | - 재무예산 운영·성과<br>(중장기 재무관리계획) | 5 | 2 | 3<br>(1) |
| | **5. 보수 및 복리후생관리** | **8** | **5** | **3** |
| | - 보수 및 복리후생 | 3 | 3 | |
| | - 총인건비관리 | 3 | | 3 |
| | - 노사관계 | 2 | 2 | |
| | **6. 혁신과 소통** | **5** | **3** | **2** |
| | - 혁신노력 및 성과 | 3 | 3 | |
| | - 국민소통 | 2 | | 2 |
| | 소 계 | 55 | 35 | 20 |
| 주요<br>사업<br>(45) | 주요사업 계획·활동·성과를<br>종합평가 | 45 | 21 | 24 |
| | 소 계 | 45 | 21 | 24 |
| | 합 계 | 100 | 56 | 44 |

※ 공운법 제39조의2에 따른 중장기재무관리계획 제출대상이 아닌 기관은 중장기 재무관리
계획을 결측 처리

## ② 준정부기관(위탁집행형)의 지표 및 가중치 기준

| 범주 | 평가지표 | 계 | 비계량 | 계량 |
|---|---|---|---|---|
| | **1. 경영전략 및 리더십** | **6** | **6** | |
| | - 전략기획 | | 2 | |
| | - 경영개선 | | 2 | |
| | - 리더십 | | 2 | |
| | **2. 사회적 가치 구현** | **22** | **15** | **7** |
| | - 일자리 창출 | 6 | 3 | 3 |
| | - 균등한 기회와 사회통합 | 3 | 2 | 1 |
| | - 안전 및 환경 | 5 | 5 | |
| | - 상생·협력 및 지역발전 | 5 | 2 | 3 |
| | - 윤리경영 | 3 | 3 | |
| 경영관리<br>(45) | **3. 조직·인사·재무관리** | **4** | **3** | **1** |
| | - 조직·인사 일반<br>(삶의 질 제고) | 2 | 2 | |
| | - 재무예산 운영·성과 | 2 | 1 | 1 |
| | **4. 보수 및 복리후생관리** | **8** | **5** | **3** |
| | - 보수 및 복리후생 | 3 | 3 | |
| | - 총인건비관리 | 3 | | 3 |
| | - 노사관계 | 2 | 2 | |
| | **5. 혁신과 소통** | **5** | **3** | **2** |
| | - 혁신노력 및 성과 | 3 | 3 | |
| | - 국민소통 | 2 | | 2 |
| | 소　계 | 45 | 32 | 13 |
| 주요<br>사업<br>(55) | 주요사업　계획·활동·성과를<br>종합평가 | 55 | 24 | 31 |
| | 소　계 | 55 | 24 | 31 |
| | 합　계 | 100 | 56 | 44 |

※ 공운법 제39조의2에 따른 중장기재무관리계획 제출대상이 아닌 기관은 재무예산 운영·성과
　지표를 결측 처리

## ③ 준정부기관(기금관리형)의 지표 및 가중치 기준

| 범주 | 평가지표 | 계 | 비계량 | 계량 |
|---|---|---|---|---|
| 경영<br>관리<br>(50) | **1. 경영전략 및 리더십** | 6 | 6 | |
| | - 전략기획 | | 2 | |
| | - 경영개선 | | 2 | |
| | - 리더십 | | 2 | |
| | **2. 사회적 가치 구현** | 22 | 15 | 7 |
| | - 일자리 창출 | 6 | 3 | 3 |
| | - 균등한 기회와 사회통합 | 3 | 2 | 1 |
| | - 안전 및 환경 | 5 | 5 | |
| | - 상생·협력 및 지역발전 | 5 | 2 | 3 |
| | - 윤리경영 | 3 | 3 | |
| | **3. 조직·인사·재무관리** | 9 | 3 | 6 |
| | - 조직·인사 일반<br>(삶의 질 제고) | 2 | 2 | |
| | - 재무예산 운영·성과 | 2 | 1 | 1 |
| | - 기금운용관리 및 성과 | 5 | | 5 |
| | **4. 보수 및 복리후생관리** | 8 | 5 | 3 |
| | - 보수 및 복리후생 | 3 | 3 | |
| | - 총인건비관리 | 3 | | 3 |
| | - 노사관계 | 2 | 2 | |
| | **5. 혁신과 소통** | 5 | 3 | 2 |
| | - 혁신노력 및 성과 | 3 | 3 | |
| | - 국민소통 | 2 | | 2 |
| | 소 계 | 50 | 32 | 18 |
| 주요<br>사업<br>(50) | 주요사업 계획·활동·성과를<br>종합 평가 | 50 | 24 | 26 |
| | 소 계 | 50 | 24 | 26 |
| | 합 계 | 100 | 56 | 44 |

※ 공운법 제39조의2에 따른 중장기재무관리계획 제출대상이 아닌 기관은 재무예산 운영·성과
지표를 결측 처리(기금운용관리 및 성과는 제외)

### ④ 유형별·기관별 평가지표 조정

ㅇ 기관별 특성에 적합한 맞춤 평가를 실시하기 위하여 각 범주 내 지표별 가중치를 조정하여 설정할 수 있다.

ㅇ 기관별 협업·혁신·시민참여 우수사례의 성과 반영은 2020년도에 선정된 과제의 이행실적을 평가하여 그 성과가 우수한 기관은 최대 1점의 범위 내에서 점수를 차등 가산하고, 우수 협조기관의 경우 기여도에 따라 차등 가점을 부여(최대 0.3점)한다.

ㅇ 기금운용평가를 받는 기금관리형 및 강소형 기관은 '재무예산관리 및 성과'의 평가 항목의 일부를 기금운용평가 결과를 활용한다.

ㅇ 「공공기관의 운영에 관한 법률」에 따라 기관유형이 변경된 경우 해당유형에 맞게 평가지표와 가중치를 조정하여 평가할 수 있다.

ㅇ 별도로 규정하지 않는 평가지표는 유형 내 기관에 공통으로 적용하고, 주요 사업 범주의 평가지표는 기관별 사업특성에 따라 다르게 설정한다.

ㅇ 기관별 주요사업 부문 계량지표 점수는 지표별, 기관 유형별 점수의 평균과 표준편차, 최고득점기관과 최저득점 기관의 점수 차이 등을 고려하여 표준화할 수 있다. 표준화 여부 및 방법 등은 공공기관운영위원회의 심의의결을 거쳐 확정한다.

o 기관별 혁신성장을 위한 노력과 성과를 평가하여 우수기관에 대해 가점을 부여한다(이하 '혁신성장 가점'). 혁신성장 가점을 위한 평가방법은 평가 지표별 세부평가내용에 따른다.

o 기관별 코로나19 대응 노력과 성과를 평가하여 우수기관에 대해 가점을 부여한다(이하 '코로나19 대응 노력과 성과 가점'). 코로나19 대응 노력과 성과 가점을 위한 평가방법은 평가지표별 세부평가내용에 따른다.

## 제3절 평가지표별 세부평가내용

### 1. 경영관리 범주

#### ① 경영전략 및 리더십

(1) 전략기획

| 평가지표 | 세부평가내용 | |
|---|---|---|
| 전략기획 | 지표정의 | ● 기관의 설립목적에 부합하는 비전, 경영목표, 경영전략의 수립과 이를 실행하기 위한 노력과 성과를 평가한다. |
| | 적용대상(배점) | ● 공기업 및 준정부기관 : 비계량 2점 |
| | 세부평가내용 | ① 기관의 설립목적에 부합하는 비전과 국민·근로자 생명 안전 등 핵심가치 설정을 위한 노력과 성과<br>② 경영목표 설정과 경영전략 수립 및 이를 실행하기 위한 노력과 성과<br> - 효율성과 사회적 가치의 균형, 핵심 업무와의 연계성, 국정과제 반영 여부 등 확인 |

(2) 경영개선

| 평가지표 | | 세부평가내용 |
|---|---|---|
| 경영개선 | 지표정의 | • 기관의 기능조정·신규사업 발굴 및 경영개선 계획 수립·시행 실적 등 경영효율성 제고를 위한 기관의 노력과 성과를 평가한다. |
| | 적용대상(배점) | • 공기업 및 준정부기관 : 비계량 2점 |
| | 세부평가내용 | ① 환경변화의 분석 및 예측을 통해 기능조정(쇠퇴하는 기능·사업 정비 등) 및 신규사업 발굴 등을 통한 혁신 노력과 성과<br>　★ 공공기관 기능조정 대상 기관의 경우에는 기능조정 추진계획 대비 이행실적 확인<br>② 경영평가 및 컨설팅 결과 등에 따른 경영개선 계획 수립과 이를 이행하기 위한 노력과 성과<br>③ 업무프로세스 혁신(절차 간소화 등) 등을 통한 경영효율화 노력과 성과 |

(3) 리더십

| 평가지표 | | 세부평가내용 |
|---|---|---|
| 리더십 | 지표정의 | • 경영계약 이행 노력·성과, 구성원 동기부여, 이사회 운영 등 기관장의 리더십을 평가한다. |
| | 적용대상(배점) | • 공기업 및 준정부기관 : 비계량 2점 |
| | 세부평가내용 | ① 기관장 경영계약 과제선정 및 중장기·연도별 목표수준의 적정성, 경영계약과 성과지표 간의 연계성 제고 등 경영계약상 목표를 이행하기 위한 노력과 성과<br>　★ (예) 사회적 책임 반영 및 이행 노력 등<br>② 핵심가치 공유, 업무혁신 등 조직 구성원의 동기부여, 주요 현안과제 해결 및 경영성과 달성을 위한 기관장의 노력과 성과<br>③ 이사회의 활성화와 실질적인 역할 강화를 위한 기관장의 노력과 성과 |

② 사회적 가치 구현

(1) 일자리 창출

| 평가지표 | | 세부평가내용 |
|---|---|---|
| 일자리 창출 | 지표정의 | • 비정규직의 정규직 전환 실적, 청년 미취업자, 시간선택제 실적을 평가한다. |
| | 적용대상(배점) | • 공기업 및 준정부기관 : 계량 3점 |
| | 세부평가내용 | ① 비정규직·간접고용의 정규직 전환 실적(1점)<br><br>  * 「공공부문 비정규직 연차별 전환계획(17.10.25.)」上 연도별 계획(누적) 대비 실적<br><br>② 일자리 창출 관련 계량 항목은 각 가중치 범위내에서 기관이 설정(총 합계 2점)<br><br>  * 청년미취업자 고용 실적(1.4~1.8점), 시간선택제 일자리 실적(0.2~0.6점) |
| | 지표정의 | • 일자리 창출(민간부문의 일자리 창출 포함)과 고용의 질 개선을 위한 노력과 성과를 평가한다. |
| | 적용대상(배점) | • 공기업 : 비계량 4점, 준정부기관 : 비계량 3점 |
| | 세부평가내용 | ① 일자리 창출과 고용의 질 개선을 위한 추진 전략 및 계획의 수립 및 이를 달성하기 위한 노력과 성과<br><br>  * (예) 비정규직 전환 계획 수립 과정에서 사회적 책임(생명, 안전 등)을 이행하기 위한 노력<br><br>② 퇴직자로 인한 신규채용 여력 이외에 정현원차 관리, 일하는 방식 개선 등 다양한 근로형태의 도입을 통한 일자리 창출 노력 및 성과<br><br>  * 교대제 변경, 시간선택제, 유연근무제 및 탄력정원제 실시 등<br><br>③ 비정규직의 운용 및 정규직 전환 과정에서의 노력과 성과<br><br>  * 비정규직 채용 사전심사제 운영 등 비정규직 운용의 적정성, 기관의 여건·특성 등을 고려한 전환의 난이도 및 목표 초과 달성, 관련 법령·지침 준수 여부 등 고려<br><br>④ 핵심사업 및 조달·위탁사업을 통한 민간부문의 일자리 창출 노력과 성과<br><br>  * 사내벤처 활성화 등 혁신적 수단을 통한 직접적 민간의 일자리 창출과 금융지원, 컨설팅 등 간접적 지원을 통한 민간 일자리 창출 노력과 성과<br><br>⑤ 지속가능한 일자리 창출과 이를 위한 혁신적 노력, 협력·공유를 위한 노력과 성과<br><br>  * 기술혁신, 신규사업 발굴, 협력기업과의 기술 및 성과 공유, 우수사례 확산 및 공유(일자리 콘테스트 등), 일자리 관련 공익단체·법인과의 협력 등 |

## (2) 균등한 기회와 사회통합

| 평가지표 | | 세부평가내용 |
|---|---|---|
| 균등한 기회와 사회통합 | 지표정의 | • 사회적 약자에 대한 고용과 보호 등 사회통합 노력과 성과를 평가한다. |
| | 적용대상(배점) | • 공기업 및 준정부기관 : 계량 1점 |
| | 세부평가내용 | ① 균등한 기회와 사회통합을 위한 아래 항목은 각 가중치 범위 내에서 기관이 설정(총 합계 1점)<br>- 장애인 의무고용(0.3~0.5), 국가유공자 우선 채용(0.3~0.5), 용역근로자 보호지침 준수(0.2~0.4) |
| | 지표정의 | • 사회형평적 인력 활용과 균등한 기회보장을 위한 노력과 성과를 평가한다. |
| | 적용대상(배점) | • 공기업 : 비계량 3점, 준정부기관 : 비계량 2점 |
| | 세부평가내용 | ① 차별적 요인 배제 등 채용과정 전반의 공정성·투명성 제고를 위한 노력과 성과<br>   ★ 블라인드 채용 및 직무수행능력중심평가 등을 통한 투명성 제고 노력 여부<br>② 청년·고졸자, 지역인재 등 사회형평적 인력 채용을 위한 노력과 성과<br>   ★ (청년·고졸자) 청년고용 준수 여부, 기관별 고졸 적합업무 발굴 및 고졸 채용계획 수립·이행 실적,<br>   ★ (지역인재) 비수도권 인재 채용·혁신도시 이전지역 인재 채용비율 달성 노력 여부<br>   ★ 저소득층(「공무원임용시험령」 제2조의 규정에 의하여 저소득층에 속하는 사람)·북한이탈주민·다문화가족 및 중증장애인 등 사회적 다양성을 고려한 채용 노력<br>③ 여성관리자 및 여성채용 확대, 여성인력양성 및 경력단절여성 고용 등 여성인력활용을 위한 노력과 성과<br>   ★ 여성관리자: 본부직제상 부서장 임용이 가능한 직급<br>④ 고졸자, 무기계약직, 별도직군, 여성 등에 대한 불합리한 차별 해소, 적절한 처우개선 등을 위한 노력과 성과<br>⑤ 임원임명에 있어 양성평등 실현을 위한 노력과 성과<br>   ★ 임원임명 목표제에 따른 목표 및 이행계획 적정성, 목표대비 실적, 목표달성을 위한 노력 등 |

(3) 안전 및 환경

| 평가지표 | 세부평가내용 | |
|---|---|---|
| 안전 및 환경 | **<환경보전>** | |
| | **지표정의** | • 환경보전 및 환경의 지속가능성을 위한 노력과 성과를 평가한다. |
| | **적용대상(배점)** | • 공기업 및 준정부기관 : 비계량 1점 |
| | **세부평가내용** | ① 온실가스 감축 및 에너지 절약 실적(0.2~0.4)<br>　\* 환경부, 산업부 평가결과 반영<br>② 녹색제품 구매실적(0.2~0.4)<br>　\* 환경부 평가결과 반영<br>③ 기관별 여건·특성을 고려한 환경보전 노력 및 성과(0.5) |
| | **<재난 및 안전관리>** | |
| | **지표정의** | • 재난\*·사고로부터 안전한 근로·생활환경을 유지하기 위한 노력과 성과를 평가한다.<br>　\* 재난이란 「재난 및 안전관리 기본법」 제2조에 따른 태풍, 홍수, 한파, 폭염, 지진, 황사 등 자연재해 및 화재, 붕괴, 폭발, 교통, 화생방, 환경오염사고 등 사회재난을 의미 |
| | **적용대상(배점)** | • 공기업 및 준정부기관 : 비계량 4점 |
| | **세부평가내용** | ① 재난관리시스템(예방·대응·복구) 구축·운영을 위한 노력과 성과<br>　\* 안전점검·진단 및 재난대비계획 수립·이행 실적, 관계자 교육, 안전관련 투자, 관련 예산·조직·인력 현황 등<br>　\*\* 공공기관 재난관리평가 결과(행안부)<br>② 국민의 생명·재산을 보호하기 위한 노력과 성과<br>　\* 재난·사고 발생 여부, 피해 정도 등<br>③ 산업재해 등 근로자(간접고용, 하청업체 근로자 포함) 피**세부평가내용** 사업장(발주현장 포함) 안전관리 등 근로환경 개선을 위한 노력과 성과<br>　\* 근로자 내부제안제도 운영, 근로자의 업무상 부상·질병 예방 및 임산부·장애인 등 취약근로자 보호를 위한 노력 |

| 평가지표 | | 세부평가내용 |
|---|---|---|
| 안전 및 환경 | 세부평가내용 | ④ 국가기반시설, 다중이용시설, 청사 등 시설물 관리 및 건설과정에서의 안전확보 노력과 성과<br><br>   * (예) 공공기관 발주공사 현장에서의 재난·사고 방지를 위한 노력과 성과<br><br>   ** 공공기관 발주공사 산업재해 결과보고서·공공기관 안전활동 수준평가(고용부)<br><br>⑤ 개인정보 보호 및 사이버 안전을 위한 정보보안 관리체계 구축·운영 등을 위한 노력과 성과<br><br>   * 개인정보 보호관리 수준, 정보보호 피해건수, 공공기관 정보보안 관리실태평가(국정원) 결과, 윈도우7 기술지원 종료에 따른 조치결과 등<br><br>   ※ 위 평가내용에도 불구하고, 아래에 해당하는 경우에는 다음과 같이 평가한다.<br><br>(1) 재난·사고가 발생하지 않고, 안전법령을 위반하지 않은 경우 → 만점 부여<br><br>(2) 중대재해가 발생하였고, 해당 재해 발생과정에서 안전법령을 위반하였을 경우 → 0점 부여<br><br>   * 중대재해 : 「공공기관 안전관리지침」 제21조제1항 각 호의 사고<br><br>   * 안전법령 위반 : 「산업안전보건법」 「공공기관 안전관리지침」 등 안전법령상의 의무 위반<br>   (예: 산업안전보건법 제38조, 제39조의 근로자 안전·보건조치) |

## (4) 상생 협력 및 지역 발전

| 평가지표 | | 세부평가내용 |
|---|---|---|
| 상생·협력 및 지역발전 | 지표정의 | • 지역경제 활성화와 중소기업·사회적 경제 기업과의 상생·협력을 위한 실적을 평가한다. |
| | 적용대상(배점) | • 공기업 및 준정부기관 : 계량 3점 |
| | 세부평가내용 | ① 상생과 협력을 위한 아래 항목은 각 가중치 범위 내에서 기관이 설정(총 합계 3점)<br><br>   * 중소기업생산품(0.4~0.8), 기술개발생산품(0.2~0.6), 사회적기업·협동조합생산품(0.2~0.4), 전통시장 온누리 상품권 (0.3~0.5), 여성기업생산품(0.2~0.4), 장애인생산품(0.4~0.8), 국가유공자 자활용사촌생산품(0.2~0.4), 재정조기집행(0.3~0.5) |
| | 지표정의 | • 지역사회발전 및 지역경제 활성화와 중소기업·소상공인 등과의 상생·협력을 위한 노력과 성과를 평가한다. |
| | 적용대상(배점) | • 공기업 및 준정부기관 : 비계량 2점 |

| 평가지표 | | 세부평가내용 |
|---|---|---|
| 상생·협력 및 지역발전 | 세부평가내용 | ① 지역사회 참여, 지역경제 활성화를 위한 프로그램의 개발 및 실행을 위한 노력과 성과<br><br>　★ 지자체 및 지역기업과의 협력사업 발굴, 지역사회를 위한 시설 이용(중소기업에 어린이집 개방 등)·편의제공 노력과 지원<br>　★ 지역농산물 등 지역생산품 구매 확대, 지역 및 국제행사 참여 등<br><br>② 협력·위탁업체 적기 자금결제 등 공정한 경제질서 확립을 위한 노력과 성과<br><br>　★ 선지급률 확대, 상생결제시스템·하도급지킴이 활용, 직불 조건부 발주, 표준계약서 활용, 주계약자 공동 도급 여부, 모범거래 모델 도입·이행 등<br><br>③ 중소기업·소상공인의 경쟁력 강화를 위한 기술 지원<br><br>　★ 성과공유제 활성화, 물품·용역·발주·공사 참여 확대, 판로 지원, 핵심기술보호, 공동 연구개발 확대 노력, 동반 해외진출· 수출 확대 노력, '동반성장 평가 결과(중기부)' 등<br><br>④ 사회적 경제 기업(사회적 기업, 협동조합, 마을기업, 자활기업 등)에 대한 지원과 구매확대 노력 및 성과 |

## (5) 윤리경영

| 평가지표 | | 세부평가내용 |
|---|---|---|
| 윤리경영 | 지표정의 | • 경영활동시 경제적·법적 책임과 더불어 사회적 통념으로 기대되는 윤리적 책임을 준수하려는 노력과 성과를 평가한다. |
| | 적용대상(배점) | • 공기업 및 준정부기관 : 비계량 3점 |
| | 세부평가내용 | ① 준법·윤리경영체계의 구축·운영 및 준법·윤리경영 실현을 위한 노력과 성과<br><br>　★ 윤리경영 관련 전담조직과 지침(윤리헌장, 윤리강령, 행동강령, 임원 직무청렴계약 규정 등) 마련·운영 여부, 갑질근절방안 마련· 이행, 비윤리적 행위 신고, 교육 실적, 회계신뢰성 제고 등<br><br>② 사업추진, 조직·인사관리 등 기관 운영 전반의 투명성 제고 노력<br><br>　★ 중요 기록물 분류체계 마련 등 관리 체계 구축 및 운영<br><br>③ 윤리경영 지원을 위한 내부견제시스템 구축 및 운영성과<br><br>　★ 자율준수체계, 윤리·준법 상담, 내부감사 결과 및 사후관리 등 내부견제활동 실적 및 성과<br><br>④ 인권교육, 인권침해 구제절차 등 인권존중을 위한 노력과 활동<br><br>　★ 고충처리제도 운영 등 근로자 및 대내외 이해관계자 인권보호 |

### ③ 업무효율

| 평가지표 | 세부평가내용 | |
|---|---|---|
| 업무효율 | 지표정의 | • 업무효율 향상 실적을 평가한다. |
| | 적용대상(배점) | • 공기업 : 계량 5점 |
| | 세부평가내용 | ① 세부평가지표는 업무효율성을 측정할 수 있는 노동생산성, 자본생산성 등의 지표 중에서 각 기관의 업무특성을 고려하여 설정<br><br>② 세부평가지표 예시<br><br>- 노동생산성 $= \dfrac{부가가치}{평균인원}$<br><br>- 자본생산성 $= \dfrac{부가가치}{총자산}$ |

### (1) 조직·인사 일반

| 평가지표 | 세부평가내용 | |
|---|---|---|
| 조직·인사 일반 (삶의 질 제고) | 지표정의 | • 조직 및 인적자원 관리와 성과관리 체계의 구축·운영 노력과 성과를 평가한다. |
| | 적용대상(배점) | • 공기업 및 준정부기관 : 비계량 2점 |
| | 세부평가내용 | ① 경영전략과 연계된 조직 및 인적자원 운용계획 수립을 위한 노력과 성과<br><br>② 핵심 업무를 고려한 단위조직의 역할과 책임 설정 및 적절한 인력 배분을 위한 노력과 성과<br><br>③ 출연·출자기관의 설립목적 달성과 경영성과 확보를 위한 노력과 성과<br>　★ 출연·출자시 정부 사전 협의 등 적정절차 준수 여부, 출자회사 진단에 따른 개선·구조조정 노력 및 성과<br><br>④ 구성원의 역량을 지속적으로 개발·향상시키기 위한 노력과 성과<br><br>⑤ 합리적인 조직·개인 성과평가시스템 구축을 위한 노력과 성과<br><br>⑥ 인력운영의 전문성 제고 노력과 성과<br>　★ 기관 특성에 따른 개방형계약직제 및 전문직위제의 운영, 순환보직 원칙 수립 등 |

| 평가지표 | 세부평가내용 | |
|---|---|---|
| 조직·인사 일반 (삶의 질 제고) | 세부평가내용 | ⑦ 육아휴직 활용, 장시간 근로 해소 등 일·가정 양립을 위한 다양한 노력과 성과<br><br>* 가족친화인증 여부, 자동육아휴직제, 남성근로자 육아휴직이 용률, 유연근무제(탄력근무제, 원격근무제 등) 활용실적 등<br>* 기관 특성에 따른 개방형계약직제 및 전문직위제의 운영, 순환 보직 원칙 수립 등 |

## (2) 재무예산 운영·성과

| 평가지표 | 세부평가내용 | |
|---|---|---|
| 재무예산 운영·성과 | 지표정의 | ● 기관의 경영상황을 고려하여 재무(예산) 안정성, 투자 및 집행효율성 등을 평가한다. |
| | 적용대상(배점) | ● 공기업 : 계량 2점 |
| | 세부평가내용 | ① 세부평가지표는 재무예산 성과를 측정할 수 있는 부채비율, 이자보상비율 등의 지표 중에서 각 기관의 경영상황을 고려하여 설정<br>② 세부평가지표의 예시<br><br> - 부 채 비 율 = $\dfrac{부채}{자본}$<br><br> - 이자보상비율 = $\dfrac{영업이익}{금융비용}$ |
| | 지표정의 | ● 공공기관의 운영에 관한 법률 제39조의 2에 따른 중장기재무 관리계획 이행실적을 평가한다. |
| | 적용대상(배점) | ● 공기업·준정부기관 중 중장기재무관리계획 수립 대상 : 계량 1점 |
| | 세부평가내용 | ① 중장기재무관리계획에 포함된 목표부채 비율 등의 달성 여부 등 |

| 평가지표 | | 세부평가내용 |
|---|---|---|
| | **지표정의** | • 건전한 재무구조 및 합리적 예산운용을 위한 재무예산 관리 시스템 구축 및 운영 성과를 평가한다. |
| | **적용대상(배점)** | • 공기업 : 비계량 2점, 준정부기관 중 중장기재무관리계획 수립 대상 : 비계량 1점 |
| **재무예산 운영·성과** | **세부평가내용** | ① 중장기 재무관리 계획의 적정성과 이를 실행하기 위한 노력과 성과<br>　★ 중장기 재무관리계획에 투자계획이 반영된 기관은 경제활력 제고, 혁신성장 등 중장기 투자계획의 적정성 및 이행노력 확인<br>② 재무구조의 안정성 및 건전성 유지를 위한 기관의 노력과 성과<br>　- 미래위험 예측 및 대응, 부채 및 유동성 관리, 효율적 자산운용, 재무구조개선 계획 운영의 적정성 및 이행노력<br>　- [구분회계 도입기관] 사업단위별 성과분석 등 구분회계 정착 및 활용을 위한 노력과 성과<br>　- 정부출자기관의 경우, 적절한 수준의 배당이 이루어지고 있는지 확인<br>③ 사업선정의 타당성 확보(예비타당성 조사 등)를 통한 합리적인 예산편성 및 집행을 위한 노력과 성과<br>④ 재무중점관리기관의 부채감축을 위한 노력과 성과<br>　- 부채감축을 위한 세부 실행계획의 적정성과 이행노력<br>　- 부채감축을 위한 조직, 제도, 모니터링 체계 운영노력 및 성과<br>　- 자본 확충 및 금융 부채 감축 노력과 성과<br>　- 정부 제시 구조조정 이행노력과 성과<br>　- 자산매각 활성화를 위한 노력 및 성과<br>　★ 재무중점관리기관 : 중장기 재무관리계획 제출 대상 중 부채 비율 300% 이상이고 3년 평균 이자보상배율이 1미만인 기관 (2016년말 기준, 금융형 공공기관 제외)<br>⑤ 원가 및 경비 절감 등 예산절감을 위한 노력 및 성과 |

## ⑤ 보수 및 복리후생 관리

### (1) 보수·복리후생

| 평가지표 | | 세부평가내용 |
|---|---|---|
| | 지표정의 | • 합리적인 보수 및 복리후생 제도 구축을 위한 노력과 성과를 평가한다. |
| | 적용대상(배점) | • 공기업 및 준정부기관 : 비계량 3점 |
| 보수·복리후생 | 세부평가내용 | ① 직무 중심의 합리적 보수체계로의 전환을 위한 기관의 노력 및 성과<br><br>- 직무가치, 능력, 성과 등에 기반한 합리적 보수체계로의 개편을 위한 단계적·점진적 추진 노력 및 성과<br><br>  ★ 정규직 전환자, 신규입사자 등에 대한 합리적인 보수체계 적용 노력 등<br><br>- 기관 경영목표, 업무 및 조직구성 등 기관별 특성에 적합한 보수체계 설정 노력 및 성과<br><br>- 합리적인 직무평가 결과의 반영, 지나친 연공성 개선 노력 및 성과<br><br>  ★ 합리적인 직무분석·평가·관리 여부 등<br><br>  ★ 연공성에 의한 급여비중이 감소하였는지 또는 감소하도록 보수체계가 설정되어 있는지 여부 등<br><br>② 예산편성지침, 예산집행지침 등 관련 규정에 따른 편성 및 집행여부<br><br>- 예산편성지침, 예산집행지침 등 인건비, 복리후생비, 각종 경비등에 관한 규정 준수 여부<br><br>- 복리후생비 관련 규정에 따라 교육비, 의료비, 경조금, 특별휴가, 퇴직금, 복무행태, 고용세습 등 기관별 복리후생 제도 개선 및 과도한 복리후생 항목의 존재 여부<br><br>- 전년대비 복리후생비를 과도하게 집행하지 않았는지 여부<br><br>③ 「공공기관 임금피크제 권고안」에 따라 임금피크제를 운영하기 위한 노력과 성과<br><br>- 연령구조, 임금체계, 직무특성 등을 고려한 임금피크제 유형, 적용대상, 임금조정기간, 임금지급률, 직무개발 등 제도설계의 적절성<br><br>- 임금피크제 관련 신규채용 목표 달성 여부, 임금피크 대상자의 활용도 등 운영 효과<br><br>- 임금피크제 관련 중장기 신규채용 규모 및 재원조달 계획의 적절성 |

## (2) 총인건비 관리

| 평가지표 | | 세부평가내용 |
|---|---|---|
| 총인건비 관리 | 지표정의 | • 공기업·준정부기관 예산편성 지침의 총인건비 인상률 준수 여부를 평가한다. |
| | 적용대상(배점) | • 공기업 및 준정부기관 : 계량 3점 |
| | 세부평가내용 | ① 총인건비 인상률은 다음과 같이 산출<br><br>- 총인건비 인상률 = $\dfrac{\text{평가년도 총인건비 - 전년도 총인건비}}{\text{전년도 총인건비}}$<br><br>② 총인건비의 정의는 공기업·준정부기관 예산편성지침에 따름 |

## (3) 노사 관리

| 평가지표 | | 세부평가내용 |
|---|---|---|
| 노사관계 | 지표정의 | • 협력적 노사관계를 위한 노력과 성과를 평가한다. |
| | 적용대상(배점) | • 공기업 및 준정부기관 : 비계량 2점 |
| | 세부평가내용 | ① 노사간 협의체계 구축과 실질적 운영 등이 상호 협력과 참여에 기반하여 합리적이고 적법하게 이루어지고 있는지 여부<br>② 노사간의 공감대 형성을 위한 의사소통과 노사관계 관리 역량 강화를 위한 노력과 성과<br>③ 노사협의를 통한 근로조건의 실질적 향상과 구체적 성과 |

## ⑥ 혁신과 소통

### (1) 혁신노력 및 성과

| 평가지표 | 세부평가내용 | |
|---|---|---|
| 혁신노력 및 성과 | 지표정의 | ● 혁신계획의 적정성, 기관장의 혁신리더십, 혁신추진체계 구축, 혁신 문화 조성 등을 위한 노력과 성과를 평가한다. |
| | 적용대상(배점) | ● 공기업 및 준정부기관 : 비계량 1점 |
| | 세부평가내용 | ① 혁신 목표가 기관의 비전·전략체계와 잘 부합하고 혁신 전략과 과제가 혁신목표 달성에 기여할 수 있도록 구성되어 있는지 여부<br>② 기관의 혁신을 촉발하기 위한 기관장의 노력과 성과<br>③ 혁신추진조직 구축, 혁신활동에 대한 적절한 보상체계 마련, 구성원의 혁신역량강화를 위한 노력과 성과<br>④ 대내외 혁신네트워크 구축, 혁신 아이디어나 우수과제를 구성원과 공유하고 활용할 수 있는 시스템 마련을 위한 노력과 성과 |
| | 지표정의 | ● 국민 등 대내외 이해관계자와의 소통·참여, 투명성 제고를 위한 노력과 성과를 평가한다. |
| | 적용대상(배점) | ● 공기업 및 준정부기관 : 비계량 1점 |
| | 세부평가내용 | ① 이해관계자 및 대국민 소통 채널을 제도적으로 구축·운영하기 위한 노력과 성과<br>　★ 다양한 매체를 활용한 정보 및 데이터 공유로 국민참여 기반 강화<br>② 국민 참여와 소통이 기관의 운영에 실질적으로 반영되는지 여부 등 소통의 성과와 환류를 위한 노력과 성과<br>　★ 국민제안, 아이디어 등을 활용한 현장중심의 대국민 서비스 혁신 등<br>③ 대국민 정보공개 확대 등 투명성 제고를 위한 노력과 성과<br>　★ 공공기관 운영 웹사이트 및 대국민 홍보 콘텐츠의 운영점검 (예, 웹사이트 독도·동해표기 오류 점검 등)<br>④ 규제혁신(포괄적 네거티브 규제 등) 및 적극행정 등을 통한 공공서비스 혁신 노력과 성과 |

| 평가지표 | 세부평가내용 | |
|---|---|---|
| 혁신노력 및 성과 | 지표정의 | • 중점추진과제의 성과를 평가한다. |
| | 적용대상(배점) | • 공기업 및 준정부기관 : 비계량 1점 |
| | 세부평가내용 | 기관별 중점 추진과제의 성과 |

## (2) 국민소통

| 평가지표 | 세부평가내용 | |
|---|---|---|
| 국민소통 | 지표정의 | • 경영투명성 제고를 위해 경영정보 공개시스템(알리오)에 공시하는 자료의 정확성 및 적시성 등을 평가한다. |
| | 적용대상(배점) | • 공기업 및 준정부기관 : 계량 1점 |
| | 세부평가내용 | ① 경영정보공시 점검 평가대상은 다음과 같음<br>- "공공기관의 통합공시에 관한 기준"에 따른 통합공시항목<br>② 세부평점은 기획재정부가 제출한 점검자료를 활용하여 산출 |
| | 지표정의 | • 고객만족도, 사회적 가치 기여도 조사결과에 나타난 고객만족도, 사회적 가치 기여도의 수준을 평가한다. |
| | 적용대상(배점) | • 공기업 및 준정부기관 : 계량 1점 |
| | 세부평가내용 | ① 평점은 고객만족도 지수, 사회적 가치 기여도 지수를 8:2의 비율로 합산하여 산출(강소형 기관은 고객만족도 점수로만 산출)<br>★ 고객만족도, 사회적 가치 기여도 조사결과 중 일부가 없는 경우 해당 점수는 결측치로 처리<br>② 고객만족도 지수, 사회적 가치 기여도 지수는 기획재정부가 제출한 실적자료를 활용하여 산출 |

## 2. 주요사업 범주

### ① 주요사업 계량지표 구성의 적정성 및 목표의 도전성

| 평가지표 | 세부평가내용 | |
|---|---|---|
| | **지표정의** | ● 주요사업 계량지표 구성의 적정성 및 목표의 도전성을 평가한다. |
| | **적용대상(배점)** | ● 공기업 : 비계량 4점, 준정부기관 : 비계량 5점 |
| **주요사업<br>지표구성의<br>적정성** | **세부평가내용** | ① 주요사업 계량지표 구성의 적정성<br>　- 기관의 설립목적과의 연계 등 지표의 대표성<br>　- 기관의 사업비중 및 정책 중요도를 고려한 가중치 배분의<br>　　적정성<br>　- 투입(Input)·과정(Process)지표보다는 산출(Output)·<br>　　결과(Outcome)지표로 구성하기 위한 노력<br>　- 중장기적 관점을 고려한 지표설정 노력<br>　- 평가 데이터의 신뢰성 확보 등<br>② 주요사업 계량지표 목표의 도전성<br>　- 평가방식, 산식구성 및 목표치 설정, 사업여건 변화 등에<br>　　따른 목표의 도전성을 종합적으로 평가<br>　　* 목표부여편차, 중장기 목표부여, 목표부여, β분포, 목표대실적<br>　　　등 평가방식에 따른 난이도 차이 고려<br>　　　(예: 일반적으로 "목표대실적"은 난이도가 낮은 평가방식에 해당)<br>　　* 산식구성 및 목표치 설정에 따른 난이도 차이 고려<br>　　　(예: "중장기 목표부여" 평가방식의 경우, 적용된 중장기목표<br>　　　수준에 따라 난이도 차이 발생)<br>　　* 사업환경, 가용자원 등 대내외 사업여건 변화에 따른 난이도<br>　　　차이 고려<br>　　　(예: 해외사업의 경우, 대상국과의 외교여건 변화 등에 따라<br>　　　난이도 차이 발생) |

## ② 주요사업 성과관리의 적정성

| 평가지표 | 세부평가내용 | |
|---|---|---|
| 주요사업<br>성과관리의<br>적정성 | 지표정의 | • 추진계획 수립·집행·성과·환류 및 사회적 가치 실현 등 주요사업의 전반적인 추진 성과를 평가한다. |
| | 적용대상(배점) | • 공기업 : 비계량 17점,  준정부기관 : 비계량 19점 |
| | 세부평가내용 | ① 주요사업별 추진계획은 구체적이고 적정하게 수립되었는가?<br>② 주요사업별 추진계획이 적절하게 집행되었는가?<br>③ 주요사업별 성과는 적정한 수준인가?<br>④ 주요사업별 환류 활동은 적절하게 수행되었는가?<br><br>★ 주요사업 추진계획 수립·집행·성과·환류 과정에서의 근로자와 국민의 안전 등 사회적 가치를 위한 노력과 성과를 감안하여 평가 |

# 3. 혁신성장 가점

| 평가지표 | | 세부평가내용 |
|---|---|---|
| 혁신성장 | 지표정의 | • 혁신성장 수요 창출, 혁신 기술 융합, 혁신성장 인프라 구축, 혁신지향 공공조달 등을 위한 노력과 성과를 평가한다. |
| | 적용대상(배점) | • 공기업 : 2점, 준정부기관 : 1점 |
| | 세부평가내용 | ① 혁신성장 수요 창출을 위한 노력과 성과<br><br>(예시) * 8대 선도사업 등에 대한 투자 확대, 혁신기술·제품 구매, 우수 소프트웨어(우수조달제품 등) 구매 실적, 혁신성장산업에 대한 자금지원 노력 등<br><br>** 신성장 동력 확충 등을 위한 새로운 비즈니스 모델 창출 등<br><br>② 공공서비스·혁신기술 융합 활성화를 위한 노력과 성과<br><br>(예시) * 혁신기술 융합을 통한 대국민서비스 질 제고 및 공공기관 생산성·업무효율 향상(혁신기술: IoT 기술, 드론, 센싱기술, 인공지능, 빅데이터, 클라우드 컴퓨팅, 블록체인 등)<br><br>③ 데이터 경제 활성화를 위한 노력과 성과<br><br>(예시) * 기관이 보유한 데이터의 공유·개방 및 품질관리 기관 보유 데이터를 활용한 민간 사업 기회 제공 등<br><br>④ 혁신성장 인프라 확대 및 민간기업 지원을 위한 노력과 성과<br><br>(예시) * 인력양성, 소재·부품·장비 및 신산업분야 R&D 활성화 및 사업화, 테스트베드 제공, 마케팅·해외진출 지원, 자금지원 등 스타트업 지원, 사내벤처 운영 등 공공기관의 자원·역량을 활용한 혁신성장 인프라 구축<br><br>⑤ 혁신지향 공공조달을 위한 노력과 성과<br><br>(예시) * 혁신기술·제품 구매(시제품 구매), 우수 소프트웨어(우수조달제품 등) 구매 실적, 혁신조달플랫폼에 도전적 수요제시, 혁신시제품 시범구매사업 테스트기관 참여, 단계적 협의에 의한 과업 확정 등 |

## 4. 코로나19 대응 노력과 성과 가점

| 평가지표 | 세부평가내용 | |
|---|---|---|
| 코로나19 대응 노력과 성과 가점 | 지표정의 | • 코로나19 고통분담, 정부정책 대응, 한국판 뉴딜 추진을 위한 노력과 성과를 평가한다. |
| | 적용대상(배점) | • 공기업 및 준정부기관 : 3점 |
| | 세부평가내용 | ① 코로나19 고통분담 노력과 성과<br>(예시) * 코로나19 극복을 위한 임금 일부 반납 및 기부, 기관 보유마스크 긴급 배부, 입점업체 등에 대한 임대료·수수료 감면 및 납부 유예 등<br>② 코로나19 위기 극복을 위한 정부정책 대응 노력과 성과<br>(예시) * 코로나19 감염전담병원 운영, 임시검사시설, 생활치료센터 등 기관 시설 제공, 코로나19 피해 기업 및 소상공인 보증 및 경영안정자금 등 금융지원, 공공기관 先결제·先구매 추진 등<br>③ 한국판 뉴딜 추진을 위한 노력과 성과<br>(예시) * 「한국판 뉴딜 뒷받침을 위한 공공기관 역할 강화방안」("20.8.20일) 등 정부의 포스트코로나 관련 정책에 따른 주요과제 등 |

# 6. 용어해설 및 찾아보기

## ㄱ

### • 구매력평가(PPP:purchasing power parity)가설 _ 19p~22p

환율은 두 화폐의 교환비율이므로 두 화폐의 구매력의 변화는 환율에 반영되어야 한다. 즉, 물가가 더 많이 상승한 국가의 화폐는 구매력이 그만큼 더 많이 하락했음을 의미하므로 환율에 그러한 사실이 반영되어야 한다. 양국의 물가 상승률에 차이가 있는 경우 이는 환율에 반영되어야 하는 것이다. 이와 같은 물가상승률의 차이와 환율 변화간에 존재할 것으로 생각되는 균형관계를 구매력평가 가설이라고 한다.

### • 금리 스와프(IRS: Interest rate Swap) _ 98p~100p

거래 당사자가 성격(고정 대 변동)이 다른 이자지급을 일정기간 교환하기로 약정하는 거래(고정금리와 변동금리 교환)이다. 교환이자에 대해서는 명목원금에 대한 차액만 정산한다. IRS는 동일 통화에서만 발생하는 거래이다.

### • 기준 통화 _ 13p

통화 한 단위가(직접, 간접 표시 포함) 다른 통화로 크기가 표시된 통화를 기준통화라 하며, 환율의 상승·하락 또는 외화 매입·매도 등 모두 표현은 기준통화를 중심으로 일컬어진다.

## ㄷ

### • 대고객 매매율 _ 15p, 30p

은행이 고객이 요구한 각종 거래에 대하여 그 거래 종류에 따라 제시한 환율로, 은행 마진, 현찰 운송에 대한 보험료, 이자비용 등을 감안하여 결정한다. 환율은 현찰매도, 전신환매도, 기준환율, 전신환매입, 수표매입, 현찰매입 순으로 낮아진다

- **리딩과 래깅(Leading & Lagging) _ 78p~79p**

외화에 대한 예측에 따라 자금수급의 시기를 인위적으로 조정하는 것을 말한다. 즉 향후 달러강세가 예상될 경우 수입대금 등 지급자금을 선지급(Leading)하거나, 수출대금 등 영수자금의 협상을 지연(Lagging)시키거나, 그 반대의 경우도 동일하게 적용하는 방법이다

- **리스크 _ 43p~45p**

자사의 재무구조 등 여러 여건을 기준으로, 시장상황 등이 유리하게 또는 불리하게 변할 수 있는, 미래의 금융환경이 어떻게 변할지 모르는 불확실한 상태(Uncertainty)를 말한다. 따라서 리스크는 반드시 미래에 불리한 상황전개(Danger)를 의미하는 손해(Loss)와는 의미 차이가 있는 중립적인 개념이다.

- **리스크 관리 _ 44p~45p**

자사의 미래에 유리하게 또는 불리하게 될지 모르는 불확실한 환경 속에서, 유리하게 변동할 수 있는 가능성은 배제한 채, 불리한 상황을 가정하고 그 피해를 추정한 다음, 실제 이런 상황이 도래한다고 가정하고 그 영향도를 파악하여, 이에 대처하는 계획을 미리 수립하여 시행하는 것을 말한다.


ㅁ

- **매매기준율 _ 14p**

외환시장(외환중개소)에서 각 기관투자가들 사이에 체결된 거래를 환율과 거래량을 가중 평균하여 산출된 환율로, 금일의 산출환율은 익일의 매매기준율로 고시된다. 매매기준율의 사용은 회계에서 외화표시 자산, 부채에 대한 원화환산 시에만 제한된다.

- **매입과 매도환율(Bid rate vs Offer rate) _ 14p**

은행과 같은 시장 조성자(Market Maker)가 자신의 입장에서 고객 또는 거래 상대방에 대하여 기준통화를 사겠다고 제시한 환율을 매입환율(Bid rate)이라 하고, 반대로 팔겠다고 제시한 환율은 매도환율(Offer rate)이라고 한다.

• 매칭(Matching) _ 78p~79p

외화자금의 유입(Inflow)과 유출(Outflow)을 통화 별, 만기 별로 일치시킴으로써 외화자금의 자금흐름 불일치에서 발생하는 위험을 원천적으로 제거할 수 있는 내부적 관리기제다.

ㅂ

• 보유기간(Holding Period) _ 127p~128p

위험을 측정할 때, 위험량이 발생할 수 있는 기간을 말한다. 예를 들어 동일한 포지션에 위험액이 발생할 수 있는 기간을 의미한다.

• 복수통화 바스켓 제도 _ 29p

런던 외환시장과 뉴욕 외환시장에서 거래되는 5개국 통화를 가중치한 SDR들을 적의 가중 합산하고 조정하여 결정하는 환율이다.

• 비재무(비계량) 리스크 _ 46p~47p

운영리스크(Operation or OP Risk)라고도 하며, 자연재해, 재난, 환경피해, 기술적사고 등을 말한다.

• VaR(Value at Risk) _ 73p

자산, 부채의 가치의 불확실한 정도를 측정한 것으로, (위험노출액)×(변동성)으로 산출된다. 변동성을 도출하기 위하여 수많은 통계기법이 적용될 수 있으나, 공통적으로 신뢰수준과 보유기간(Holding Period)을 반영하여 계산한다.

- **상계(Netting)** _ 78p

외화부채를 상대에 대한 외화자산으로 상계 차감한 후 잔액만을 결제 또는 리스크 관리 대상으로 편입하는 방법이다.

- **선물(future)과 선도(forward)** _ 82p~84p

선물과 선도는 계약과 동시에 실물을 인수도 하는 현물에 대응되는 것으로 오늘은 향후 거래를 위한 계약만 하고 실물은 미래 계약된 시점(만기일)에 인수도 하는 것으로, 계약내용은 금액, 가격(환율), 실물인도일(만기일) 등이다.

선물과 선도는 거래 체결 방법, 장소가 다를 뿐, 미리 외화를 사거나 팔아 놓는 계약을 미리 체결한다는 기능적인 측면에서는 동일하다. 특히, 외화에 대한 선도거래를 선물환(Forward)이라고 하고 외화에 대한 선물을 통화선물이라고 한다.

- **시장 환율** _ 14p

은행 등 기관투자자(은행, 종금사, 증권사 등)에 의해 외환중개소에 체결된 실시간 환율을 말한다.

- **시장 평균환율제도** _ 29p

전일 중개시장에서 체결된 매매기준율을 중심으로, 익일에는 상하한 폭을 두어 거래를 제한하는 환율제도다(변동환율제도 + 일일 변동폭 제한).

- **시장(가격) 리스크(Market or Price Risk)** _ 61p

금리, 환율, 주가, 주가지수, 원자재 등 시장 가격 변동에 따른 리스크로서, 그 위험의 측정은 가치 변동(VaR)과 수익흐름변동(EaR)을 이용하여 통제된다. 이 책이 다루는 환리스크는 시장 리스크의 일부분이다.

- **신뢰수준(Confidence Level)** _ 127p

신뢰 수준 95%는 해당 여론조사를 95% 믿을 수 있다는 뜻이 아니라 같은 조사를 100번 하면 오차범위 내 동일한 결과가 나올 횟수가 95번이라는 뜻으로, 5번은 그것을 초과하여 결과치가 나올 수 있다는 의미이다.

- **신용 리스크(Credit Risk) _ 60p**

상대방의 채무 불이행에 따른 손실가능성으로, 실무에서는 거래 상대방의 신용도 변화추이의 지속적 점검 및 대처나 자금 운용 상품별, 거래 기관한도별 한도 관리에 의해 통제된다.

O

- **외화 표시 환율(간접표시 환율) _ 12p**

자국통화 한 단위를 매매한 경우 받을 수 있는 외국통화의 크기로 표시한 환율이다. 영국, 유로, 호주, 뉴질랜드 등에서 채택하고 있으며 그곳에서는 자국통화가 기준통화가 된다. (예: 1 AUD = 0.9312 USD)

- **옵션(Option) _ 90p**

옵션(Option)은 선택권이라 하고, 선물(환)과 연결시켜 보면, 만기에 선물환 차트에서 수익이 (-)되면 옵션행사를 포기하고, 이익이 발생할 때만 거래 상대방에게 거래 이행을 요구할 수 있는 권리(일방적 권리)를 말한다. 이런 권리(선택권)의 매매를 옵션거래라 한다.

- **EaR(Earnings at Risk) _ 73p**

이자수입, 차입이자 지급 등 현금흐름의 불확실성을 측정하는 기제이다.

- **유동성 리스크 _ 60p**

단기 채무 불이행에 따른 도산 가능성과 급전 조달에 따라, 정상적인 이자지불을 초과한 추가 비용의 발생 가능성을 말한다. 유동성자금은 1년 이하의 단기 자금으로, 실무에서는 적정 유동성을 도출하여 보유함으로써 유동성 리스크에 대비한다.

- **외환 스와프(Currency Swap) _ 96p~98p**

거래자간에 서로 필요로 하는 통화를 대가로 기간을 정하여 외화를 매매하고, 만기에 계약 당시에 약정한 환율로 당초 거래의 반대로 매매하는 거래다.

- **위험선호도(Risk Appetite) _ 115p, 133p, 145p**

위험에 대한 개인의 취향을 말한다. 투자자 예를 들어 위험을 취하더라도 수익을 추구하는 정도에 따라, 위험선호자, 위험중립자, 위험기피자로 분류할 수 있을 것이다.

### ㅈ

- **자국화 표시 환율(직접표시 환율) _ 12p**

외국통화 한 단위를 구입할 때 필요한 자국통화의 크기로 표시한 환율제도로 우리나라 및 세계 주요국이 채택하고 있다. (예: 1 USD = 1130.00원)

- **장외 시장 _ 38p**

은행에서 창구를 사이에 두고 일대일 거래(Over the Counter)를 하는 것이 장외 시장이다. 지점, 본점 딜링 룸, 외환중개소에서 일련의 작업을 수행하여 외환거래를 수행하는 것으로서, 일반 고객들의 은행을 통한 거래시장을 말한다.

- **중개기관(은행간)거래 _ 30p, 31p, 33p**

은행, 종금 및 증권사와 같은 기관거래자가 직접 참여하여 거래를 하는 중개기관시장을 외환시장이라고 부른다. 국내에는 서울외환중개와 한국자금중개가 있으며, 해외에는 이에 대응하는 외환 중개 플랫폼이 다수 존재한다.

- **장내 시장 _ 38p, 39p**

증권거래소처럼, 불특정 다수가 거래소에 참여하여 호가가 일치할 때 거래를 체결해 주는 거래소 상품으로, 외환거래 상품으로는 통화선물이 있다.

- **정규분포** _ 159p~160p

단위 정규 테이블(unit normal table) 또는 Z 테이블(Z table)이라고도하는
표준 정규분포표(standard normal table)는 정규 분포(normal distribution)
의 누적 분포 함수 값인 Ø 값에 대한 수학적 테이블 표이다. 통계가 표준 정규
분포의 값 아래, 또는 위 값 사이에서 그리고 확장하여 모든 정규 분포에서 관
찰될 확률을 찾는 데 사용된다.

- **재무 리스크(Financial Risk)** _ 47p

위기(손실)와 기회(이익) 가능성이 동시에 존재하는 미래 불확실 상황을 말한
다. 재무 리스크에는 시장 리스크, 신용 리스크, 유동성 리스크 등이 있는데, 혹
자는 시장 리스크 중 이자율 리스크를 따로 분류하기도 한다.

- **재정(무위험차익) 거래(Arbitrage Transactions)** _ 32p

일시적인 외환 시장간 또는 상품간 가격 괴리를 이용하여 무위험차익거래를
추구하려는 동기의 외환 거래를 말한다.


- **전사적 리스크** _ 46p~47p

모든 관리 대상 리스크를 한곳에서 집중하여 모든 리스크를 하나의 포트폴리
오로 보고 관리하는 새로운 리스크 관리법이다. 이때 리스크를 "단기 전술적,
장기 전략적으로 회사의 목적 달성을 저해하는 모든 요소" 라고 정의한다.

- **지배이론(支配理論: Dominace Theory)** _ 114p~115p

마코위츠(Markowitz)의 지배이론은 대체 자산이나 부채 포트폴리오 중, 보
다 우월한 것을 선택하기 위하여 이용된다. 어떤 자산이나 부채구조가 위험이
같은 수준에서 다른 포트폴리오 보다 수익률이 높다면, 또는 수익률이 같은 수
준이라면 위험수준이 낮은 포트폴리오가 우월하다는 이론이다.

ㅌ

• **투기 거래(Speculative transaction) _ 31p, 32p**

미래의 환율 변동(상승 또는 하락)을 예측하여 이를 통해 이익을 발생시키려는 동기의 외환거래를 말한다.

• **통화 스와프(Currency Swap) _ 100p~103p**

거래자간에 서로 필요로 하는 통화를 대가로 기간을 정하여 외화자산(원금과 이자)을 매매하고 만기에 계약 당시에 약정한 환율로 당초 거래의 반대로 매매하는 거래다.

ㅍ

• **포트 폴리오 전략(통화 구성의 다양화) _ 80p**

분산투자를 통하여 비체계적 환리스크를 완화하는 방법이다. 포트폴리오 전략의 가장 손쉬운 방법은 바스켓 통화를 거래통화로 계약하는 것이지만, 거래통화는 바스켓 통화가 아니므로 주요통화를 적절한 비율로 섞어 포지션을 유지함으로써 환율에 대한 포트폴리오 효과를 기대할 수 있다.

• **피셔 효과(Fisher Effect) _ 23p**

이자율은 기대 물가상승률에 실질이자율을 더해서 결정하는 것으로 이해할 수 있는데 이러한 논리를 피셔 효과(Fisher Effect)라고 한다.

ㅋ

• **Quadratic Programming _ 150p**

비용(수익)률을 제약식으로 하고 위험(분산)을 목적함수로 하는 이차방정식을 Quadratic Programming을 통해 최소화하여 직접적으로 효율적 프런티어를 생성하여 분석한다.

# 참 고 문 헌

〈References, 환위험관리 실무〉

권택호, 한국 제조기업의 환위험관리, 두남, 2016

권택호, 선물시장 헤지이론, 푸른사람들, 1996

박정식, 박종원, 이장우, 재무관리 제4판, 다산출판사, 2021

박종원, 김철중, 위험측정 및 활용, 한국금융연수원, 2015

박정식, 박종원, 조재호, 현대재무관리 제8판, 다산출판사, 2015


Agrawal, Reena. 2016. 'Enterprise risk management' essential for survival
and sustainable development of micro, small and medium enterprises.
International Review, 1, 117-24

Allayannis, G., & Weston, J. P. (2001). The use of foreign currency derivatives
and firm market value. Review of Financial Studies, 14, 243-276

Artzner, P., Delbaen, F., Eber, J.-M., & Heath, D. (1999). Coherent measures of
risk. Mathematical Finance, 9(3), 203-228

Baz, J., and M. Pascutti. "Alternative Swap Contracts Analysis and Pricing,"
Journal of Derivatives, 1996, 7-21

Bae, S. C., Kwon, T. H., & Park, R. S. (2018). Managing exchange rate exposure
with hedging activities: New approach and evidence. International Review
of Economics and Finance, 53, 133-150

Bartram, S., Brown, G. W., & Fehle, F. R. (2009). International evidence on
financial derivatives usage. Financial Management, 38, 185-206

Bhar, R., & Hamori, S. (2008). Information content of commodity futures prices for monetary policy. Economic Modelling, 25(2), 274-283

Carter, D. A., Rogers, D. A., & Simkins, B. J. (2006). Hedging and value in the U.S. airline industry. Journal of Applied Corporate Finance, 18, 21-33

Carter, D. A., Rogers, D. A., Simkins, B. J., & Treanor, S. D. (2017). A review of the literature on commodity risk management. Journal of Commodity Markets, 8, 1-17

Choi, J., & Prasad, A. (1995). Exchange rate sensitivity and its determinants: Firm and industry analysis of US multinationals. Financial Management, 24, 77-88

Cox, J. C., J. E. Ingersoll, and S. A. Ross. "The Relation between Forward Prices and Futures Prices," Journal of Financial Economics, 9, 321-346.

Daskalaki, C., Skiadopoulos, G., & Topaloglou, N. (2017). Diversification benefits of commodities: A stochastic dominance efficiency approach. Journal of Empirical Finance, 44, 250-269

Díaz, A., García-Donato, G., & Mora-Valencia, A. (2017). Risk quantification in turmoil markets. Risk Management, 19(3), 202-224

Fernandez-Perez, A., Frijns, B., Fuertes, A., & Miffre, J. (2018). The skewness of commodity futures returns. Journal of Banking and Finance, 86, 143-158

Gao, L., & Süss, S. (2015). Market sentiment in commodity futures returns. Journal of Empirical Finance, 33, 84-103

Ghon, R. S. and R. P. Chang. "Intra-day Arbitrage in Foreign Exchange and Eurocurrency Markets," Journal of Finance, 47(1), 1992, 363-380.

Gorton, G., & Rouwenhorst, K. (2006). Facts and fantasies about commodity futures. Financial Analysts Journal, 62(2), 47-68

Jarrow, R. A. and G. S. Oldfield. "Forward Contracts and Futures Contracts," Journal of Financial Economics,9, 1981, 373-382

Kuester, K., Mittnik, S., & Paolella, M. (2006). Value-at-risk prediction: A comparison of alternative strategies. Journal of Financial Econometrics, 4(1), 53-89

Marimoutou, V., Raggad, B., & Trabelsi, A. (2009). Extreme value theory and value at risk: Application to oil market. Energy Economics, 31(4), 519-530

Nance, D. R., Smith, C. W., Jr., & Smithson, C. W. (1993). On the determinants of corporate hedging. Journal of Finance, 48, 267-284

Omura, A., & Todorova, N. (2019). The quantile dependence of commodity futures markets on news sentiment. Journal of Futures Markets, 39(7), 818-837

Routledge, B. R., D. J. Seppi, and C. S. Spat. "Equilibrium Forward Curves for Commodities," Journal of Finance,55(3), 2000, 1297-1338

Sirmon, David G., Michael A. Hitt, and R. Duane Ireland. 2007. Managing Firm Resources in Dynamic Environments to Create Value: Looking inside the Black Box. The Academy of Management Review, 32, 273-92

Souček, M., & Todorova, N. (2014). Realized volatility transmission: The role of jumps and leverage effects. Economics Letters, 122(2), 111-115

Wei, K. D., & Starks, L. T. (2013). Foreign exchange exposure elasticity and financial distress. Financial Management, 42, 709-735

# 환리스크전략 실무

**초판인쇄** 2021년 6월 10일  **초판발행** 2021년 6월 15일

**엮은이** 오 철 승 · 이 장 우
**펴낸이** 이혜숙  **펴낸곳** 신세림출판사
**등록일** 1991년 12월 24일 제2-1298호

04559 서울시 중구 퇴계로49길 14
충무로엘크루메트로시티2차 1동 720호
전화 02-2264-1972  팩스 02-2264-1973
E-mail : shinselim72@hanmail.net

**정가** 15,000원

**ISBN** 978-89-5800-231-4, 03320

※ 파본·낙장은 교환하여 드립니다.
※ 이 책의 무단 전제·복사 등의 행위는 저작권법에 의하여 처벌받습니다.